U0523583

教育漫话

[英]约翰·洛克/著

张欣/译

SOME
THOUGHTS
CONCERNING
EDUCATION

图书在版编目（CIP）数据

教育漫话 /（英）约翰·洛克著；张欣译. -- 武汉：长江文艺出版社，2023.9
（大教育书系）
ISBN 978-7-5702-3243-7

Ⅰ.①教… Ⅱ.①约… ②张… Ⅲ.①教育思想－英国－近代 Ⅳ.①G40-095.61

中国国家版本馆 CIP 数据核字(2023)第 139490 号

教育漫话
JIAOYU MANHUA

| 责任编辑：马 蓓 | 责任校对：毛季慧 |
| 封面设计：璞茜设计-扁舟 | 责任印制：邱 莉　王光兴 |

出版： 长江出版传媒　长江文艺出版社
地址：武汉市雄楚大街 268 号　　邮编：430070
发行：长江文艺出版社
http://www.cjlap.com
印刷：武汉市首壹印务有限公司

开本：720 毫米×970 毫米　　1/16　　印张：11.5
版次：2023 年 9 月第 1 版　　2023 年 9 月第 1 次印刷
字数：152 千字

定价：42.00 元

版权所有，盗版必究（举报电话：027—87679308　87679310）
（图书出现印装问题，本社负责调换）

目 录

编者前言 001

献词 001

第一部分　健康教育

一　健康的重要意义 003

二　讨论范畴 004

三　具体的健康建议 004

　　冷暖 004

　　运动 008

　　衣着 009

　　饮食 010

　　起居 015

　　如厕 017

　　用药 020

第二部分　道德教育

一　道德教育的重要意义 023

二　总体原则 023
　　约束行为 023
　　克制虚荣 026
　　控制食欲 026
　　锤炼意志 028
　　尽早管教 029

三　一般建议 030
　　权威意识 030
　　荣誉意识 035
　　规矩意识 039
　　建立习惯 040
　　举止得体 041
　　善择陪伴 043
　　淬炼品性 049
　　奖惩得当 051
　　慎用责罚 054
　　以理服人 058

聘请良师 063
善于管教 073

四 因材施教 078
儿童的控制欲及其对策 078
儿童的胆量及提升对策 087
儿童的忍耐力及训练方法 091
儿童的恃强凌弱及应对 093
儿童的好奇心及保护方式 095
儿童的惰性及如何克服 098
儿童爱玩的天性及应对 102
儿童的撒谎及防范措施 104

五 绅士教育的几大主题 105
智慧 106
教养 107

第三部分 知识技能教育

一 学问在教育中的地位 117
二 知识教育及具体建议 118
阅读 118

写字与绘画 122

外语 124

作文 135

记忆 138

文化课设置及学习方法 142

秩序与恒心 157

艺术和体育 158

三　技能教育及相关建议 161

绘画 162

园艺 163

消遣 164

记账 167

旅行 168

编者前言

约翰·洛克是17世纪英国著名的哲学家和思想家。他就读于威斯敏斯特公学及牛津大学,先后获得文学学士及硕士学位。但是他对医学、自然科学和实验科学颇有兴趣,由于他刻苦钻研,后来被牛津大学授予医学学士学位。此后,他又通过学习,在哲学和政治学方面取得了更大的成就。

1666年后,洛克担任英国政治家沙夫茨伯里伯爵的私人医生以及他儿子的家庭教师,时间长达八年之久。1675年,洛克旅居法国的时候,又担任了富商约翰·班克斯爵士儿子的家庭教师,共两年的时间。这些经历让洛克积累了较为丰富的教育经验。1684年,正在荷兰流亡的洛克接到他的亲戚(英国的乡绅爱德华·克拉克)的请求,希望洛克能指导其教育孩子。于是,洛克和爱德华·克拉克展开了长达数年的书信往来。

洛克在书信中表达的真知灼见受到了爱德华·克拉克的认可,也使其他读到洛克书信的人赞赏不已。他们希望洛克将书信整理出版,让更多的人受益。洛克接受了大家的建议,将书信整理后于1693年正式出版了,这就是《教育漫话》一书的由来。这本书数百年来不断再版,影响了一代又一代的人。

《教育漫话》谈论了健康教育、道德教育和知识技能教育,是一部比较全面的教育论著。洛克尤其强调德行和教养,提出了很多方法和建议。但是,我们现在阅读这本书时，需要明确以下几点。

首先，《教育漫话》写于1693年，主题是当时兴起的"绅士教育"，他提出的一些建议具有时代的局限性，在现在看来有些不合时宜。还有一些关于宗教信仰的部分与我们的国情不符，在此译本中进行了删除。但是，总体来说，这本书是富有教益的，相信读者能从中吸收有益的教育理念，指导自己的教育行为。

其次，本书是在书信基础上整理而成的，因此落笔是比较随意的。洛克的原著将全书分为多个小节，有的小节有小标题，但全书没有标题。译者根据全书的内容，将全书分为健康教育、道德教育和知识技能教育，并根据内容取了二级标题，方便读者阅读。

再次，为了尊重原著，翻译时还是保留小节的划分。因为书信比较随意，所以会出现一整段话分几个小节来呈现，比如本书的第16~18小节，译本并没有进行合并。还有第203节，原著是缺失的，译本中也按照原著保留。

无论何时，孩子的教育问题都是不容忽视的。对孩子进行良好的教育，不仅对孩子的成长有利，也有利于社会的发展和进步。希望承担儿童教育重任的家长和教师，以及关注教育的人们都能从本书中获得一些有益的启示。

献 词

致齐布里的爱德华·克拉克阁下

阁下：

　　本书中谈及的教育思考现在得以问世，应归功于您。这些思考因您而起，成稿多年，皆是当年我们书信中谈及的内容，我几乎不曾修改，仅在先后顺序上做了调整。如此一来，在文章中不止一处，读者通过文中用语的形式和亲密程度可以轻易甄别，这些文字来自两个朋友之间的私密对话，而不是专门为了发表而写的文章。

　　人们往往羞于承认想出书，通常会假托应朋友的强烈要求。但您知道的，我敢说，如果不是几位朋友听说了我们信中的所思所写，迫切地要拿去读，读了之后又强烈建议出版，那么这些信件中所提及的内容的确会如私人信件应有的样子，依然躺在隐秘的角落。而正是这些我一向敬重的友人告诉我，他们十分确信，我的这些粗浅思考若能在更广泛的范围内公开，或有裨益。这一点与我素来的想法产生了共鸣：生而为人，应当倾其所能，贡献国家；若不具备这点觉悟，那么他与牲畜又有何异。既然本书的主题——教育——受到的关切如此之多，良好的教育方法可以带来如此普遍的优势，而我也因此找到了贡献国家的所能，那么即便没有谁强烈要求我出书，我也应当主动为之。尽管这些文字有局限性、仍待改进，鉴于朋友们强烈要求我将这些观点向大众分享，我却不得不抛开顾虑，不以善小而不为。对于喜欢这些文字的人而言，若本书能够产生任何超越于篇幅和本意的意义，认为值得一读，我便可以骄傲地说一切没有白费。

近来收到很多父母的咨询，他们公开表示对于怎样养育孩子感到迷茫，并且普遍抱怨孩子自小被宠坏。任何一个把问题放到台面上并且提供一些想法的人，不论是启发思考，或是提供矫正方法，都对此书有贡献。因为教育中所犯的错误是最不该被纵容的。如果儿童初犯错没有及时被制止，一而再再而三犯错也没有得到纠正，那么久而久之这些陋习将会积重难返，给今后生活的方方面面带来负面影响。

我对于自己在此书中提到的观点远没有那么自信，如果有更能胜任、更适合的人能够客观公正地论述教育，探讨适合于英国人民的教育，纠正本文的谬误，我并不感到难过，也不会为您感到遗憾；因为相比于我的教育观点受到认可，我更乐意看到年轻的绅士受到正确的教育和引导，这也应该是每个人所热衷看到的。然而，与此同时，您将见证，书中提到的方法已经无心插柳，对一位绅士的儿子起到了不寻常的效果。孩子良好的性格对我的教育方法起到了很大帮助；但是我认为您和这孩子的父母满意的原因在于，异于寻常的做法（起了作用）。换作普通的管教方法，就不会使这个孩子像现在这样收获良好的情绪，也不会让他爱上学习、享受学习，或者如此渴望地学习他能力以外的知识。

但是我的任务并不是把我对教育的论述推荐给您，您对相关论述的看法，我已了然；也不是借您的观点或名声向世界推荐这些理论。给予子女良好的教育是父母的职责和关切，人民的福祉和国家的繁荣也仰仗良好的教育，因此我想让每一个人都把教育从心底重视起来；在仔细检查、甄别这些案例当中谈及的情境、习俗或原因之后，尽一切可能帮助培养青年人，因材施教。这是根据他们生来的使命将他们塑造成正直、有用、有才的人最容易、最便捷、最可行的方式，尽管最有可能被关注并得以实现的是绅士的使命。倘若对绅士的教育正确了，他们很快会厘清所有事情的正确规律，将其他所有人带入正道。

不知在这短短的致谢中，我是否充分地表达了我对教育的美好愿景；这本书已经出版，如果世人认为其中有任何可取之处，都是您的功劳。本书的写作初衷也是出于对您的情谊，而且，我很高兴能够通过此书让后人见证您和我之间的友谊。能够与像您这样一位忠诚、贤能、爱国、值得信赖的绅士结下长久的友谊，是我在这世上最值得铭刻的记忆。

您最谦逊、最忠诚的

约翰·洛克

第一部分

健康教育

一 健康的重要意义

1. 身心健康，这四个字简洁而充分地描述了人生在世的一种幸福状态。兼具健康的身心，此生何求；而缺少其中一样，即便其他方面做得再好也于事无补。人的快乐或者痛苦，大部分是自己造成的。心智不明的人，做事找不到正确的路径；健康紊乱、身体衰弱的人，就算是找到了正确的路径也没法取得进展。我承认，有一部分人的确是天赋异禀，体力和智力超群，鲜少需要别人帮助。他们自带光环，前程似锦；身强体壮，生而所向披靡。但这些人仅是少数；可以说，茫茫人海中我们所遇见的人，是善、是恶，是有用之才或一无是处，十之八九取决于这个人所受的教育。正是教育让人与人之间产生差别。人在生命之初极其脆弱，哪怕极其微小、难以察觉的因素都会对其一生产生重大而深远的影响。打个比方，在河流的源头，轻轻一伸手就能让灵动的水顺势分流，使水的走向与原本大相径庭；人在生命最初受到的不同的指引，会带领他们最终到达完全不同的远方。

2. 我认为，孩童幼小的心灵易于引导，如同江河源头受外力能轻易改变流向。人的内在的确重要，我们理应予以关注，而外在的躯壳也不容忽视。因此，我一开始要先谈谈身体健康，你也许已经料到我会谈这些，因为我曾经做过相关的研究；不过这个问题涉及的内容很少，按照我的预估，很快就能谈完。

3. 我们想要事业成功、家庭幸福就需要健康的身体，强健的体魄是我们克服困难、跨越艰辛的前提，道理显而易见，对于世界上想要在任何一个领域出人头地的人来说都是如此。

二 讨论范畴

4. 我在此谈及的对于健康的观点不是儿科医嘱，而是告诉父母，如何在尚且不需要医生介入时，让孩子们保持健康、增强体魄，至少不让他们长得弱不禁风。或许可以归结为一个简单的法子：父亲应该让子女劳动，就像诚实的农场主和淳朴的佃农让雇工在地里劳作。但母亲可能会认为这样的例子不恰当——劳动强度对孩子太大了，而且父亲形象不够高大。我换种说法，把一个普遍而确切的现象摆在妈妈们面前——大多数孩子在过度的关爱和保护下，变成了病秧子，或者至少没有历练出健康的体格。

三 具体的健康建议

冷暖

5. 第一件要注意的事情就是，无论冬夏，都应防止孩子穿戴过暖。人们出生时，脸和身体其他部位一样娇贵。脸之所以能忍受寒冷，是因为经常暴露在外，适应了极端的气候。因此，当一个雅典人看到一位塞西亚哲人[①]

[①] 塞西亚人（Scythian）：公元前8世纪—公元前3世纪位于中亚和南俄草原上印欧语系东伊朗语族之游牧民族。

赤身裸体在风雪中行走，心生疑惑而发问时，他得到的答案意味深长。塞西亚哲人反问，你的脸是怎么忍受刺骨的严寒的？雅典人回答，我的脸习惯了。塞西亚哲人接着说，把我的整个身体想成是脸，从一开始就让它适应，就没什么不能经受住的了。

此外，还有一个有名的、关于酷热的例子，同样也可以说明我们的身体从小能够很好地适应外界的环境，这是我在最近读到的一本很有见地的游记里看到的。作者说了这样一段话：

> 马耳他的阳光比欧洲其他任何地方都要炙热：它一年所接受的阳光等于罗马帝国领地的总和，闷热难耐；还有更严酷的，这里没有一丝凉风。这让当地人蒸烤得像吉普赛人一样皮肤黝黑。但是这儿的农民很耐晒；他们在烈日骄阳下劳作，一刻不停歇，也从不在阴凉地避暑。这让我坚信，人的天性具有很强的可塑性，只要我们从小开始适应，许多看起来不可能的事情，都会变得顺理成章。上述提到的马耳他人就是如此，他们让子孙后代在烈日骄阳下裸着身体，没有长衫、长裤、帽子防护，从呱呱坠地到十来岁，以致体格健壮，足以应对酷热。

6. 因此我建议，在我们这样的气候下，大家对于寒冷不必防御过度。在英国，有些人，冬夏穿同样的衣服，并没觉得有什么不妥，也不像其他人那样感觉到冷。但是如果母亲担心严寒会让孩子们冻伤，而父亲也担心被舆论谴责，那么也要确保冬天别给孩子穿太暖：千万要记住，人类生而有头发、1~2岁头发就长齐了，因此白天不需要戴帽子，而且晚上睡觉最好也别戴。不戴帽子比戴帽子患头疼、感冒、黏膜炎、咳嗽及其他疾病的概率更小。

我在此处，提到教育对象时，都用了"他"，是因为本文主要探讨的是年轻绅士从小到大如何培养；因而未必完全适用于淑女教育。虽然不同的性别需要不同的教养方法，想要区分也不是难事。

7. 我还建议每天让孩子用冷水洗脚，穿单薄的鞋子，踩水时会湿会进水的那种鞋。说到这里，恐怕我的话会引起女主人和仆人的一致反对。她们一个会觉得太脏，另一个会觉得袜子太难洗干净。但事实证明，孩子的健康比其他种种考虑都重要，甚至重要百倍。那些认为孩子脚上沾水伤身甚至严重危害健康的人，看到穷人家的孩子光脚成习惯而不会因此受寒或得病时，或许会希望那些被精心照料的孩子跟他们一样皮实。他们脚上常常湿漉漉的却安然无恙，就跟手经常沾水一样平常。这是什么原因呢？我想，让手和脚产生了如此大的差异难道不正是因为习惯不同吗？我相信，如果一个人从小到大总是习惯光着脚，而手却一直戴着暖暖的连指手套（荷兰人通常叫作分指手套），相当于给手穿"鞋子"，如果一直秉持这个习惯，手上沾水也会带来因受寒而招致疾病的危险，就像现在大多数人怕脚上沾水一样。所以，要让孩子提升脚部抵御寒湿的能力，就得让鞋子透气透水，并且每天坚持用冷水洗脚。这种做法本身改善了卫生而值得提倡；但我的目的在于强身健体。因此，我不会规定孩子们在每天某个特定时间去洗脚。我了解到，许多人已经养成了坚持每天晚上睡前用冷水洗脚的习惯，整个冬天，哪怕是最冷的晚上也没有间断过；水面结了厚厚的冰，孩子把腿和脚伸进冰水中去感受，尽管他可能很小还不会自己洗刷，尽管他还很稚嫩，不是出于自愿去养成这种习惯的。但是最终，身体频繁接触和适应冷水的部位会变得更加强韧，比没有养成这一习惯的孩子在脚意外沾水的时候更少生病。我认为，白天或者晚上洗都可以，看父母愿意怎么做、什么时间方便。只要去做，什么时间无关紧要。由此能带给健康诸多益处，性价比非常高。比如，坚持用冷水洗脚还可以预防鸡眼，有需要的男士不妨一试。但是，要从春天开始，先用温水适应，再逐步调低水的温度，直到几天以后可以接受完全用凉水，然后一直坚持，不论冬夏。如此循序渐进的原因在于，同我们生活中所习以为常的其他事情一样，做出改变应该潜移默化、逐步推进，这样我们的身体在适应的过程中才会免于疼痛和危险。

不难预见母亲们对这条建议会做何反应。什么？天寒地冻的，给孩子的小脚保暖都来不及，还要放进冷水里？这样做与谋害他们的小心肝有何区别？我举几个例子或许可以打消一些家长的担忧，否则他们可能连最简单的道理也听不进：古罗马哲人塞涅卡亲口说过，他在冬天用冰凉的泉水沐浴。若不是认为这样做有益健康并且可以忍受，以他的家境富有程度和他当时的年纪，他完全可以选择用热水浴。如果我们认为是他信奉的禁欲主义使得他可以忍受严冬冷水沐浴的残酷考验，那么是什么让他的健康免于受损呢？因为这种磨砺并不会对身体产生伤害。但是我们该如何评价另外一位也用冷水洗澡，却不属于任何教派的罗马诗人贺拉斯呢？他告诉我们，他在冬季也用冷水沐浴。或许意大利比英国要温暖，他们冬季所谓的冷水远不能与我们相比。如果说意大利的河水更暖和些，那么德国和波兰的河水可比我国的河水更凉一些，这些国家的犹太人，不论男女，终年用冷水洗澡，身体都很好。没有人相信是奇迹或者是圣井让其中的冷水变得对身体无害。所有人都相信长期坚持冷水浴对改善身体机能、强身健体能带来好处，因此尽管在优渥的生活条件下，为了增强体质，沐浴冷水并不是不能接受和忍受的事情。

如果有人认为这些成年人的例子不适用于孩子，因为孩子们太娇嫩，不能承受如此严酷的磨砺，那么，请让他们看看德国人原先的做法和爱尔兰人当今的做法，他们会发现尽管孩子如他们想象中的一般柔嫩，却也能够适应冷水，不仅能用冷水沐足，还能用冷水沐浴身体。并且，当今，苏格兰高地上的妇女也教导孩子们冬天用冷水，哪怕是水里结着冰，对身体也没有一点害处。

💡 运动

8. 游泳的好处应该不用我多说，男孩子到了读书识字的年纪并且有人教他时，就应该去学游泳。这项技能救了很多人的命。罗马人认为游泳十分必要，他们把游泳视为跟文学同等重要的地位。他们在形容一个人未接受过良好的教育、一无是处时，常常会说，"他既不会读书也不会游泳"。学会游泳不仅是掌握了一门求生的技能，炎热的夏天时常在凉爽的水中畅游也会给健康带来诸多益处，这一点毋庸赘言。需要注意的是，一个人在运动发热以后，或是情绪处于亢奋状态时，是不应该下水的。

9. 还有一件事情也是对大家的健康大有好处的，尤其对于孩子，那就是一定要多去户外，少在炉边烤火，哪怕是冬天。这样他的身体就能很好地适应冷暖、晴雨。若一个人体质不佳，不能适应天气变化，他怕是很难成大事。长大以后再让他去适应，便为时已晚。要趁早适应、逐步适应，这样身体就能够适应任何情况。如果我建议大风天和大晴天不用戴帽子，我怀疑会不会有人照做。可能会有很多人反对，理由终究不过是担心晒黑。如果年轻的绅士怕晒黑而一直躲在阴凉里，不愿风吹日晒，可能有助于他成为"花美男"，却成不了真正的男子汉。至于女孩子，对于外貌的关注固然多一些，但是我敢说，女生越是多待在户外而不重美貌，她们越会变得强壮和健康；女孩子们在教育上越是与她们的兄长靠齐，她们越是能够得到受用一生的好处。

10. 据我所知，在户外玩耍只存在一种危险，就是孩子们跑上跑下，玩热了的时候，坐在湿冷的地面上或者干脆躺下。我承认这种危险，据我所知，在劳作或运动后浑身大汗淋漓地喝冷饮，会招致发热和其他疾病，这些疾病会把许多人带到鬼门关,甚至直接把他们推进地狱。不过这些危险的举动很容易防止,只要在他们小的时候注意看管、及时制止。如果在他们小的时候就有人不停地劝阻,不要在身体发热的时候坐在地上、不要喝冷饮,一旦养成习惯,即便没有仆人或家庭教师从旁提醒,他们也大多会保持下去。我目前想到的就是这些。随着年龄的增长,自由的空间会越来越大;在很多事情上,他们必须被赋予信任、自主抉择,因为不会有人能一辈子陪伴左右。而唯一能陪伴终身的是从小教给他们良好的准则,树立良好的行为习惯,这才是最好、最可靠的,因此最应该予以重视。因为一切警告和规则,不论如何一再强调,你都不能指望起到多大的效果,除非孩子在实践中养成了习惯。在这件事情上是如此,在其他任何事情上也是如此。

衣着

11. 提到女孩子,我又想起一件事情,大家一定要记住:孩子的衣服不要太笔挺、紧身,特别是在胸口处。最好的时尚就是顺应自然,我们不必限定孩子的身型,大自然会以更好、更精准的方式造物塑人。如果让女人们自己决定胎儿在子宫中的模样,像她们在孩子出生之后想方设法地塑造、修饰那样,人类肯定孕育不出完美的孩子。因为穿着笔挺、紧身的衣服,或添加太多人为修饰的孩子很难有完美的身材。这条建议,我认为,撇开那些无知的看护和做塑身衣的裁缝不说,可以让瞎忙活的人不要跟风做一些不明所以的事情。当她们知道自己的所作所为是如何无用甚至恶劣,应该感到敬畏而不敢去干涉自然原有的方式。但我还是看到了很多孩子因为衣着过紧,受到了很大的伤害。我只能说世界上有许多动物,不比猴子聪明多少,因为无意识地宠溺、过分束缚，反而毁了下一代。

12. 紧身内衣或者其他收身的衣服，胸围狭窄，勒得人胸闷气短，不但伤肺，还会影响骨骼发育。以这种方式塑造纤细腰线和纤瘦身型，最终只能毁了孩子们。由于衣服太紧，体内摄入的营养无法按正常方式运输、分配到身体各处，最终会造成身材比例不协调。胸部被紧紧勒住，那没有被勒住的身体部位会发生什么变化，养料会聚集在这部分，因而长得宽肩臀肥，那又何足为奇？我们知道，中国封建社会女性自幼用绷带缠足，脚非常小（我丝毫也领悟不到其中之美）。我最近见过一双来自中国的鞋，据说是成年女性穿的：大概只有我们女童鞋的大小，远远小于我们正常成年女性的脚。此外，据了解，这些女性通常身型小、寿命短；而该国的男性却与其他国家男性相比身材和寿命没有很大差异。该国女性由于不合理的缠足行为，导致身体的血液循环受阻，从而使身体的发育和生命健康也受到折损。我们常常听说，脚上的一小块部位扭伤或砸伤，整条腿都会肌无力、肌营养不良，甚至出现萎缩。试想，一旦我们心脏、生命之源的藏身所——整个胸膛，被勒住，无法正常运行，会给我们身体带来怎样的危害？

💡 饮食

13. 关于饮食，应该尽量简单清淡；依我看，孩子年纪小、还在穿童装的时候，或者至少在 2~3 岁前，应该尽量少吃肉。但不论这对孩子当前或今后的身体健康和体能发展有什么样的好处，我恐怕大多数父母不会同意，因为他们自己一直保持多吃肉的习惯，并误认为，如果孩子每天不吃上两顿肉，就会感到饥饿。我确信，如果孩子从小不被溺爱的母亲和愚蠢的仆人喂得过

饱，3~4岁前完全不沾肉食，他们的牙齿会更牢固，更少生病，可以为以后的健康身体和强壮体格打下更好的基础。

万一小公子们一定要吃肉，那么一天只能控制吃一顿，并且一顿只能有一道荤菜。水煮牛肉、羊肉或小牛肉，不添加任何佐料，饥饿是最好的调味品；要特别注意，应该多吃面包，单吃或配着其他食物一起吃都行；吃固体食物的时候，一定要多咀嚼。我们英国人常常忘记这一点从而导致消化不良甚至其他更严重的疾病。

14. 牛奶、牛奶浓汤、燕麦粥等柔软易消化的食物，以及其他种种我们英国人常吃的柔软易食的食品，都很适合给孩子们当早餐或晚餐；只有一点需要注意，尽量味道清淡，不要放太多调料，糖稍稍放一些就行，最好不加。尤其要注意避免食用辛辣佐料或其他可能导致血热的食物，也要避免在孩子的食物里加盐，别让他习惯吃味道浓厚的肉。一旦适应了一定的调味方式和烹饪方式，我们的味蕾会逐渐喜欢并享受；过量用盐，除了会让孩子感到口渴，还会给孩子身体带来其他危害。我认为一片精心发酵和烘焙的全麦面包，偶尔配一些黄油或奶酪，或者干吃，对于小公子们来说往往就是最好的早餐了。我确信，这些健康食品能让他长得身强体壮，和其他制作更精良的美食没有分别。如果孩子从小习惯了这么吃，他会觉得一样好吃。如果孩子在两餐之间想吃东西，除了干面包什么也别给他。若是真饿而不是嘴馋，吃点干面包足以缓解；相反，不是真饿，就不该给他吃东西。这么做会有两个好处：第一，养成习惯，他会逐渐爱上吃面包；因为就像我之前说的，味蕾和肠胃会乐于接受常吃的食物。第二，可以教会孩子不要在不饿的时候吃东西。我认为人的胃口各异；有些人天生胃口好些，有些人天生胃口差些。但挑食或偏食都是后天养成的，而不是天性使然；我去过一些国家，发现只吃两顿饭的男人，与那些吃饭频繁，胃口像定了闹钟一样，到点就要吃，每天吃到4~5顿饭的人相比，一样身强体壮、精力充沛。罗马人通常白天禁食，只吃一顿晚餐，而对于一天吃几餐的人来说，晚餐也是唯一的正餐时间；白天进食的人，就餐时间不尽相同，有的8点，有的10点，有的12点，有的更晚，餐中既没有肉，也没有预先制作好的食物。古罗马帝国盛极一时的君主奥古斯都告诉我们，他征战沙场时只吃一两口干面包果腹。古罗马圣贤塞尼加在他的第83封书信中详细描述了他是如何克制食欲的。即便到了晚年，可以稍作放纵、安度时光，他晚餐依然只随意吃一片干面包，（甚至）不坐在桌旁，尽管以他当时的财富足以像我们英国人一样吃上丰盛的晚餐（如果健康所需），哪怕价格加倍，他也吃得起。万人景仰的君主们餐食简朴；而罗马的年轻人也没有因为每天只吃一餐而精神萎靡、气力不足。如果偶尔哪天没到晚饭——一天唯一的正餐时间就感到饥饿，他们也只会吃几片干面包果腹，顶多吃几粒葡萄干，或者再配一些轻食。饮食节制不仅有利于身体健康，也有利于成就事业。每天一餐的克制力令罗马人成功抵御住生活奢靡的东部强敌；后来他们放弃了清餐简食，开始大摆宴席，但仍保留了不到晚上不举行的习惯。人们认为，一日多吃几次正餐是匪夷所思的，直到恺撒时代，如果有人在日落之前大摆宴席或是去赴宴，都是要遭人谴责的。因此，如果不是很过分，我觉得小公子们白天只吃面包是最方便的。别低估习惯的力量；我认为英国人很大一部分疾病是由于饮食不当引起的，肉吃太多，主食（面包）吃太少。

15. 我认为最好能避免一日多餐，如果做不到，每餐之间也尽量间隔1小时以上。因为一旦形成习惯，到点儿就会想吃东西，吃不到心情就会暴躁；导致要么下一顿猛吃，要么彻底丧失了胃口。因此，我觉得没有必要每天让孩子在特定的时间就餐，而应该每天变换时间。如果两餐之间，孩子想吃东西，让他吃，只要想吃就给，只能给干面包。有人认为让孩子少吃一餐很难做到，那就告诉他们，孩子不会缺少一顿饭的营养而饿死或饿瘦。因为孩子们在晚餐时不仅会吃到肉、流质食品以及其他的食物，连精面包和啤酒也能吃到、喝到，但凡他们还有胃口。因此，仔细一想，我认为孩子的饮食作息还是应该被控制。一日之计在于晨，胃填得太满会影响发挥。干面包，尽管营养充足，却清淡寡味，对孩子没有什么吸引力（不会多吃）；出于对孩子的身心健康考虑，没有人会让孩子在早餐时吃饱发撑，头脑迟钝、有损健康。也告诉那些人，别觉得这样不符合财富和身份地位。无论任何时代，有教养的男性都应该这么被养育，如同锻炼他们能够扛起武器、征战沙场。但是如果有人打定主意让孩子在父辈留下的财富中浑浑噩噩度日、安享富足，他们就不会去考虑到自己看到的优秀例子，也不会去思考自己所处的是怎样一个时代。

16. 他的饮料只能是一小杯啤酒，而且不能在两餐之间喝，除非先吃一片面包垫肚。我的理由如下。

17. 首先，据我所知，身体热的时候喝饮料会比其他任何事情更容易引起发烧和积食。因此，如果孩子们玩热了、口干，干面包便不容易吃下去；因此如果他不能直接喝饮料，就得先忍一忍。因为在他非常热的时候，绝不应该立即喝饮料，至少应该先吃一片面包，腾出时间，等待啤酒加热到常温，喝了才不会伤身。在身体非常缺水的状态下，喝温热的饮料更有利于解渴。如果饮料还不够热，忍住不喝对身体也没什么妨害。并且，还能够教会孩子忍耐，这对身心健康也是最有益的。

18. 其次，不让孩子空腹喝饮料，可以防止他们养成贪杯的习惯。所谓贪杯伤身，小酌怡情。人们常常由于自身的习惯而造成了惯性的饥渴感。如果你愿意一试，可以给一个断了奶的孩子喂夜奶，久而久之，他不喝便睡不着了。看护们经常用这招来哄睡哭闹的婴孩，我相信当妈妈把孩子接回家时，会发现宝宝很难做到晚上不吃奶。请相信，习惯的养成无时不在，不论白天或是晚上。如果你愿意试试，你可以有办法让人养成时不时口渴要喝水的习惯。

有一次我住在别人家里，那家有个脾气焦躁的孩子，他们为了安抚他，只要一哭就给喂水，因此孩子总是不停地喝。别看只是一个不会说话的小宝宝，一天到晚喝得比我都多。如果你愿意一试，就会发现，频繁地喝啤酒，不论浓淡，最终都会越喝越渴。教育当中要牢记的一件大事就是，要清楚该培养孩子什么样的习惯；因此，不要把任何你不想再做、不想多做的事情变成习惯。不贪杯，对于保持身体健康和冷静思绪来说十分有效；不吃咸肉、不喝浓烈饮料的人，很少在两餐之间会感到口渴，除非他们已经习惯无节制地饮水。

19. 此外，你要特别注意，不能让孩子喝葡萄酒或者烈酒，即使喝过也不能常常喝。在英国，这些饮料常常被用来逗喂孩子，而这些饮料对孩子的伤害也最大。除非礼节性的场合或者是遵医嘱，别让孩子碰任何烈性酒精饮料。要做到这一点，需要特别监督家中的仆人，如果他们违反了规定，一定要严厉斥责。这些人，从高度数的酒精中寻求乐趣，为了博取小主人的宠爱，也总是会把自己喜欢的东西给小主人们尝鲜。他们觉得很好玩，并愚蠢地以为这不会对孩子造成伤害。因此，一定要多加注意，要用尽各种办法去监视他们。喝烈酒，尤其是偷偷地与仆人们一起喝酒，给孩子的身心带来的伤害都是不可逆转的。

20. 水果的用量在健康管理当中是最难的部分，尤其是对于孩子而言。人类的先祖因为水果而犯禁忌被逐出乐园；也难怪孩子们禁不起诱惑，哪怕为之牺牲健康。食用水果的规矩无法一刀切。我无法全盘否认水果对于健康的好处。一点都不给孩子吃，如此严格的规定，会适得其反，让孩子们变本加厉想要吃水果，不论好坏、生熟，看到就吃。瓜果、桃子、大多种类的李子，以及英国本土的各类葡萄，我认为不应该给孩子吃，因为它们的味道虽然可口，汁液却不卫生；如果可能，不要让孩子看见这些水果，也别让他们知道有这些水果的存在。但是蓝莓、樱桃、醋栗等浆果类水果，完全成熟的时候，我认为可以放心让孩子食用，想吃多少吃多少，只要记住以下几点：第一，不在饭后吃。我们常常在饭后吃水果，彼时胃已经塞满了食物。我认为应该在两餐之间吃或者饭前吃,而孩子们甚至可以直接拿它们做早餐。第二,就着面包吃。第三,要吃熟透的。我认为吃熟透的水果有益于身体健康,而非有害。夏天的水果,适合缓解夏天的暑热,可以改善夏季胃口不良;因此,我不会像个别父母那样严格限制孩子们夏天的水果食用。受限过多的孩子,不会像父母期望的那样适量地吃精心挑选的水果;相反,只要一放松管制,或者是买通了仆人,就会逮到想吃的食物乱吃一通,直到发撑想吐。

我认为成熟的苹果和梨,存放了一段时间之后,也能放心地随时供孩子食用,吃再多也不怕,尤其是苹果;我听说,10月以后,多吃苹果和梨对身体一点害处也没有。

不添加糖分的水果干,也是健康食品,但是各种类型的糖渍蜜饯应尽量不去吃。至于是对做的人还是吃的人来说哪种伤害更大,不好说。我唯一可以肯定的是,买糖渍蜜饯吃,这是一笔虚荣心唆使的最不合算的开销。因此,还是把这个问题留给女士们自己去决定。

起居

21. 在所有带有娇生惯养之嫌的事情中,睡眠是儿童最应该多多享受的一件。这也是唯一一项允许孩子完全达到满意的事情。因为没有什么比睡眠更能促进孩子的生长发育和身体健康了。唯一需要把控的是一天24小时内,哪段时间应该用于睡眠。这个问题也很好解决,只要跟孩子说明早起的重要性。早睡早起身体好。而且,一旦从小养成了早起习惯,长大以后也不大会把生命中最好的时光用来睡觉或在床上躺着。如果孩子每天被早早叫醒,养成习惯,那么他们每天就能够在该睡觉的点儿睡觉,从而习惯性地避免熬夜晚睡这种不健康、不安全的行为。保持良好作息的人，几乎不会出很大的岔子。我并不是说，孩子成年以后，不能晚于八点睡觉，不能与好友深夜把酒言欢。而是尽量让他在年幼的时候养成良好作息，并且让他们意识到熬夜是不好的。由此带来的好处可不止一点点，一旦违反了早睡的习惯，他们就会感到不适应而尽力避免熬夜，进而就会很少主动熬夜狂欢。但是，出于流行风尚和朋辈相伴的原因，如果孩子已成年就让他和别的20岁的年轻人一样生活吧。尽管如此，在他20岁之前，还是值得养成早睡早起习惯的，因为这有利于增强他们的体质，并且还会带来种种别的好处。

尽管我说过，要让孩子小的时候多睡觉，睡饱睡足，但是我并不赞成让孩子一成不变地把大部分的时间花在睡眠上，否则长大以后如果没办法睡这么久了，就会一直昏昏沉沉想赖床。至于该在孩子7岁还是10岁或者其他年龄段的时候控制睡眠时间，很难精确把握，因性情、体力、体质而异。年龄在7~14岁的特别恋床的孩子，我觉得应该适当逐步缩减他们的睡眠时间直至8小时左右，这是健康成年人所需的平均睡眠时长。如果你尽了义务，给孩子树规矩，让他每天早起，那么赖床的坏习惯应该很容易被纠正，并且大部分的孩子随着年龄的增长会变得晚睡，睡眠时长也会随之减少。如果不加注意，孩子们会倾向于晚睡晚起，这绝对不应该被允许。孩子们每天清早应该被按时叫醒，但叫醒的时候要多加注意，不能催促过急，也不要高声大喊，或者发出其他猛然吵闹的声音。这会吓到孩子，对他们身体造成很大伤害，因为人从熟睡中被突然响起的声音惊醒，会使身体机能产生紊乱。因此，叫孩子起床时，一定要小声、动作轻柔，让孩子逐渐从梦中醒来，然后柔声细语地跟孩子说话，直到其逐渐恢复意识，穿戴好，完全清醒。（要知道）在睡梦中被叫醒时是很难受的，不论多温柔，孩子都会感到痛苦，所以尽量避免增加其痛苦，尤其应避免让孩子受到惊吓的行为。

22. 让孩子睡硬板床，盖棉花被而不是羽绒被。坚硬的床铺造就强健的体格；而夜夜躺在软床上，包裹在羽绒被里，会让人意志消磨，身体羸弱，是短命的先兆。身体包裹过暖会导致结石及其他疾病，大部分都是羽绒被褥惹的祸。此外，习惯于睡家中硬板床的孩子，在外住宿不会因为想念柔软、铺整好的床铺而辗转难眠。并且，我由此认为，有必要经常调整孩子的寝具，有时把枕头垫高，有时放低，他某一天在外住宿必定会遇到一些改变，这样才不至于感觉出来。因为他不能永远睡在家里的床上，让仆人按照他的喜好一成不变地整理床铺，给他盖上暖和的被子。睡眠是大自然赐予人的最好的能量补充剂。睡眠不好的人深受折磨。睡惯了柔软的好床，换个普通床就睡不着了，是十分不幸的。睡眠沉稳的人，身体能量会很快得到补充；不论是软床还是硬床，睡眠本身才是最关键的。

如厕

23. 还有一件对身体健康产生重大影响的事，就是要按时如厕（养成定时排便的习惯）；排便过于频繁的人，很少有坚定的意志或健壮的身体。而一日多便，可以通过饮食调理和药物来辅助治疗，比治疗便秘容易多了，所以我只会简单谈一谈。如果病情比较严重，来势凶猛或久治不愈，应该请医生诊治。若症状较轻，患病不久，通常不用治疗，待身体自我恢复。反之，便秘对身体也有害，康复起来却困难得多。通便药看似能够迅速缓解症状，却不能彻底根除，反而会使便秘更加严重。

24. 我有特别的理由去探讨这个话题，虽然不是在书中得到的治疗方法，而是在实践中总结的，但我相信只要用对了方法，采用理性的步骤，我们的身体就能出现更大的改观。

首先，我认为上厕所是体内某些运动造成的结果，尤其是直肠的蠕动。

其次，我认为有一些不完全受我们自主控制的运动，如果可以在某个适当的时间段，或许可以通过有意识的锻炼和运用养成一种不间断的习惯，形成条件反射。

再次，我注意到有些人吃完晚饭吸一管烟，一定就会去大便。于是我开始产生疑问，他们之所以会这样，可能主要是出于习惯的力量，而较少是因为烟草的作用。至少，如果是烟草起了作用，那也是因为烟草刺激了肠道的蠕动，而不是因为烟草具有通便的作用。如果烟草具有通便的作用，那么它就会产生其他的影响。

因此，第一步是让排便成为习惯，接着第二步就是找到能达到这一目的的方式方法。

最后，我由此猜测，如果一个人早晨吃完第一餐饭，便向大自然请求"召唤"，不论有没有便意都尝试去上个厕所，长此以往，就可以养成习惯了。

25. 我选择早餐之后的时间段有以下原因：

首先，一早起来胃是空的，如果吃了它乐于接受的东西（因为非必要的状态下，我主张任何人在想吃东西的时候吃他喜欢的），它就会强烈收缩，把食物包裹住；并且我认为胃的收缩会带动肠道的蠕动，就如同肠梗阻患者，一节肠道的蠕动受阻也会影响整段肠子，进而影响到胃部的正常蠕动。

其次，我们吃东西的时候，通常思想上、精神上会放松，心无旁骛，身体会把所有的能量集中在肠胃，也同样能够起到促进蠕动的效果。

再次，当人们有闲暇吃饭的时候，自然也有足够的闲暇去拜会女神克娄欣娜①，这对于我们养成排便习惯是很有必要的；此外，由于各种事务和意外事件，人们可能很难固定在某一个时间上厕所，如此一来，习惯就会被打断。

---

① 克娄欣娜（Madam Cloacina）：古罗马神话中掌管下水道和公共卫生的女神。

鉴于健康的人尽管每天吃饭时间有时会改变，但每天进食一次是很少有例外的，照此推理，一日一便的如厕习惯也依然可以保持下去。

26. 根据实践经验，我至今没有听说过有谁是完全以失败告终的。吃完早饭后坚持如厕的人，不论何时吃的早饭，不论是否有便意，只要他们对身体发出了指令，几个月以后都能够达到预期，养成规律性的排便习惯。他们几乎无一例外地都会在早餐后上厕所，除非主动忽略。因为一旦形成了条件反射，不论有没有真正的便意，到了洗手间，就会自然而然地响应"自然的召唤"。

27. 因此我会建议家长帮孩子从小建立每天早饭后上厕所的习惯。让孩子坐在马桶上，使他觉得排空肚子与填饱肚子一样都是自主权利。孩子和仆人都应该毫不怀疑地相信这一点。吃过饭后必须要他上个厕所，否则就不允许他去玩或者吃第二顿，哪怕实在上不出来也要试着蹲一蹲，不久他就能养成按时如厕的习惯。根据实际经验，我们能够想到，由于孩子爱玩的天性，他们玩的时候会忘乎所以，因此在便意不很强烈的时候常常忘记上厕所。若是孩子常常忽略这些微弱的信号，久而久之就会造成习惯性便秘。因此我认为如果孩子在吃完早饭后能够养成上厕所的规律，长此以往，便可以预防便秘。

28. 至于成年人是否愿意试一试，由他们自己决定。鉴于便秘可能引起的种种疾病，所以我想可能没有别的方法比排便通畅更有利于保持健康了。我认为一天一次大便就够了。而且我猜也没人会觉得这样太多。采用这种方法，就可以不在任何药物的帮助下自然排便。实际上，药物对于治疗顽固性、习惯性便秘能起到的效力通常很小。

用药

29. 在身体健康管理方面，唯独这一条建议是会麻烦到各位的。也许有人想让我开一些预防疾病的方子。对于这种期望，我的建议只有一条，大家应该谨记，就是千万别用药物来为孩子预防疾病。凡是能够照做的，效果比女士们煲的营养汤或者药房开的方子更好。药物干预要特别当心，以防非但起不到预防的作用，反而招来疾病。孩子稍微有点不舒服，用不着动辄吃药、请医生。特别是如果请来的医生喜欢小题大做，他立刻就会把患者的窗台上堆满药瓶，给他们吃各种药。与其把孩子交给那些自作聪明的人，或是那些认为孩子得了普通疾病除了食物调节无论用什么办法都可以医治好的人，都不如孩子自然恢复来得安全。根据我的理论和实践经验总结，非必要的情况下，应该尽量少用外物来干涉孩子稚嫩的身体。一杯冷萃的罂粟水，可以用来缓解积食，加上控制肉食的摄入，对于治疗早期神经紊乱是有效果的，但如果用药过猛，可能会导致更加顽固的疾病。当缓和的疗法既不能治疗疾病也不能阻止疾病的恶化时，就该寻求更加专业和规范的医疗建议了。就这部分而言，我想我应该能得到各位读者的信任。一个学过医的人建议不用动辄去看医生或者吃药时，应该没有人去怀疑。

30. 至此，我对于身体和健康的关切已经表述完了。总结起来，无非是几条简单易操作的规则：多呼吸户外新鲜空气、保持锻炼、保证睡眠、餐食朴素、不喝（烈）酒、审慎用药、避免穿戴过暖过紧（特别是提高头和脚部的抗寒能力，让脚适应冷水和潮湿的环境）。

第二部分

道德教育

31. 身体在得到必要的照料后，就可以有充足的体力和精力来执行大脑发出的指令；接下来一个主要问题就是如何确保大脑中的思想正确，以保证下达的指令合乎礼节、合乎时宜，符合理性生物高贵的身份。

一 道德教育的重要意义

32. 我开头说过，人与人之间教养和能力的差别多数原因是由教育的好坏造成的，而且我对此深信不疑。如果这种说法正确的话，我们有理由提出以下主张：要特别注重对孩子思想情感的培养，越早越好，这将影响他们今后一生。因为他们做得好或者不好，外来的赞扬或批评便会归结到他们所受的教育上去。

33. 正如强健的体魄主要在于能够忍受艰难困苦，强大的情感毅力也是如此。一切美德和价值的首要原则和基础在于，能够克服心底的欲望，放下心头的喜好，不论沿途有多少诱惑，一心只追求正义的事业。

二 总体原则

💡 约束行为

34. 我观察到父母养育孩子易犯的错误在于没能注意适时地训导孩子，即没能够在孩子的思想性格最稚嫩、最容易塑造的时候，及时地教会他们遵守纪律、理性思考。父母爱孩子是天性，稍不留心，就会变成溺爱。父母爱孩子，固然是其责任，但是也常常出于这份爱而纵容了孩子的各种错误。的确，对于子女的行为不宜横加干涉，应当允许他们在事情的抉择上有自己的意志，而且他们尚且年幼，也不会犯下太出格的错误，所以父母总认为包容孩子的小错误无伤大雅，甚至觉得孩子使性子是孩童应有的童真。关于这一点，梭伦[①]说得好："情有可原，但习惯是一件大事啊！"

35. 被宠溺惯了的孩子必然学会打人、骂人，必然会撒泼打滚想方设法得到想要的东西，必定会无所顾忌地做他一心想做的事情。父母在孩子小的时候，把孩子宠溺得毫无原则，等尝到苦果子时还蒙在鼓里，全然不知是自己种下的祸根。孩子长大了，这些坏习惯依然如影随形。当他们不再是承欢膝下的可爱孩童时，父母便开始抱怨其任性、不懂事、到处闯祸；于是他们会因为孩子的任性而发火，责怪孩子太倔强、太恣意妄为；那时，他们才看到孩子的任性执拗，看到被他们一手养成的坏脾气而带来的种种麻烦；那时，当父母再想做出改变，想把经过多年"栽培"、根深蒂固的坏习惯根除时，恐怕为时已晚。因为孩子已经习惯了由着自己的性子来。既然他还在着童装时就习惯于颐指气使，支配一切，现在他长大了、穿马裤了，他仍旧希望运用自己的意志去支配一切，我们又有什么理由大惊小怪呢？诚然，孩子越长大，失去了年幼作为挡箭牌，缺点和错误就越凸显。到那时，很少有父母眼里能揉下这粒沙的，也很少有父母意识到这就是宠溺带来的种种恶果的。就孩子而言，当他们还不会说话、不会走路的时候就能随意支使仆人；当他们牙牙学语的时候就能命令爸爸妈妈做这做那。他们会纳闷，为什么自己明明长大了，比以前聪明、强壮了，却突然要受到各种束缚和限制？为什么父母原本

[①] 梭伦（Solon，约公元前638—前559）：古代雅典政治家及诗人。公元前559年任雅典首席执行官时实行政治改革。

对他们百依百顺的，突然到了7岁，14岁或者20岁却被剥夺这些特权？大家可以在狗、马或者其他动物身上做做试验，试试在它们小的时候养成各种劣习，看它们成年的时候是否一朝一夕就能改掉。这些动物都不比人类更有意志，更讲尊严，更追求自主、权力，不妨先从它们身上试试。

36. 大部分的人都很聪明，知道应该从小驯养那些我们可以加以利用的动物。而仅仅因为孩子是人类的后代，我们就常常忽略这一点；从小把孩子惯坏了，却愚蠢地期望他们长大后自己就能变好。因为如果孩子小时候想吃葡萄或甜李子而不得，凭哭闹或者发脾气就能想吃多少吃多少，他长大以后，就会产生疑问，为什么不能通过同样的方式满足酒欲和淫欲？他们认为这些东西与小时候哭闹想要得到的东西一样合理，都是出于儿时的天性。我们人类在不同的年龄段，对被理解和被满足有着不同的欲望，这并没有错。但无视规则、毫无理性地去追求欲望的满足就不对了。其中的区别不在于有没有欲望，而在于如何掌握主动，用理性战胜欲望。小时候被欲望奴役的人，长大以后也不能很好地驾驭欲望。这样的人最终会演变成什么样，不难想象。

37. 上述这些问题，就是那些看似十分重视子女教育的父母，也常常忽视。倘若我们想想一般人管教孩子的情形，想想他们为世人所控诉的所有放荡不羁的行为，我们真有理由怀疑是不是还有一点点德行的影子。我渴望知道，关于子女教育，有哪一个恶习，不是父母在孩子懵懂之初予以灌输，埋在他们幼小心灵里的？我在这里不是要谈父母给了不好的示范，树了不好的规矩，当然这些足以让孩子学坏；我所注意的是，他们清楚明白地将邪恶传授给儿童，将其引入歧途。在孩子走路还不稳的时候，有些人就教会了他们以暴制暴、冤冤相报和极端手段。"人若犯我，我必犯人"是几乎每一个孩子从小都会听到的；没人认为有问题，因为孩子的力量还不足以作恶。但是请问，这不会腐蚀孩子的思想吗？这难道不是在向孩子宣扬武力和暴力吗？如果小时候就因为被他人教唆而去打人、伤人，在以牙还牙、看到别人遭受痛苦的过程中感受到鼓励和快感，这不是为孩子们长大变强以后为了某种目的施暴于人而做准备吗？

💡 克制虚荣

衣物原是用来遮羞、保暖和防御的，却被某些愚蠢和缺德的父母们附加了其他的功用，让穿衣变成了虚荣和追随潮流的筹码。孩子们为了衣服的设计感而渴望穿上新衣服；小姑娘穿上新裙子的时候，妈妈们除了会教孩子臭美，叫她小皇后、小公主，还会做什么？由此，小孩子在学会穿衣服之前就先学会了怎样用衣服成全虚荣心。既然父母从小就教他们这样，长大以后他们怎会不继续以穿上裁缝制作的精美衣服来评价自己呢？

学徒和孩童拍师傅和家长的马屁得到夸赞，小小年纪因而学会撒谎、含糊其词、乱找借口。可以想见，当小孩子发现主事的人听见甜言蜜语很受用的时候，怎能不欢欣鼓舞，怎能不为了满足一己私利而将说假话、说空话"发扬光大"？

💡 控制食欲

家境清寒的人家，不会用精美的食物去逗弄孩子，也不会劝孩子多吃多喝，因而不会造成孩子暴饮暴食；而一旦条件允许、食物充足，他们就又现了原形，可见某些人饮食节制不是由于不喜欢暴饮暴食，而是由于物资的匮乏。但是如果我们看一看经济条件好一些的家庭，他们的吃和喝已经成为生活中最大的一桩业务和享乐，如果儿童得不到一份饮食，他们便认为儿童受到了歧视。各种鲜美的酱料和精心摆盘的食物，一定会吸引到孩子们，即便他们已经吃饱了；之后，为了防止吃多发撑，还要去拿一杯酒来帮助他们消化，尽管这只能给胃徒增负担。

但凡少主人哪里不舒服，人们首先想到的往往是心肝宝贝想吃什么呢？我该做些什么好吃的呢？立马好吃好喝奉上。于是全家总动员，想方设法弄些合口和精致的食物给孩子开胃。而实际上，在生病初期，身体会很聪明地自然减弱胃口，以防止疾病恶化。其实胃口减弱恰恰可以减少肠胃负担，从而腾出消化食物的精力去克服刚起的疾病。

有些孩子很乐于接受父母的管束，在丰盛的餐桌学会克制，保持餐食朴素的理性，然而他们的思想却难免受到浸染；尽管严格的家教在孩子的性格形成期可以帮助其奠定健康的基础，然而孩子们的欲望却必将屈从于世俗享乐之风的浸染。到处都在宣扬要吃得好，对于人类本来的食欲，自然是一种有效的刺激，让人们很快成为时尚餐桌的拥趸，并甘愿为此花费。打着为了更好生活的旗号，任何人，即便是反对派们，也难以辩驳。众口铄金，谁敢激起群愤？即便这种风靡上流社会的生活方式被称为奢侈，谁又敢有什么非议呢？

既然这已经成为一种通病，我不知道是否该反对把它冠以美德的名义，也不知道是否有人会冒着被嘲笑做傻事、缺乏常识的风险而开口唱反调。诚然，我应该怀疑，上述所言会被谴责为在讥讽别人，但如果我不用这种方式指出父母在教育孩子时的误区，唤醒他们正确的意识，他们还认为这种对于享乐的诱导乃至指引，是教育孩子走正道。

关于这个主题我将不再多着笔墨，尽管还远未将那些腐蚀孩童思想、败坏美德的反面教材一一细数，但是我希望父母们能够严肃考虑，社会上有哪些不良的行为习惯、思想道德会潜移默化地影响到孩子，是不是可以担起责任、发挥智慧来避免孩子受到这些反面影响。

💡 锤炼意志

38. 在我看来，道理很简单，一切美德和卓越的原则都基于自身抵制诱惑、战胜欲望的意志力，当欲望与理性发生冲突时，就需要有克制自身欲望的意志力。这种意志力可以通过良好的习惯获得并强化，而且越早开始越容易养成、越记得牢固。如果我的话有人相信，我会建议各位别走寻常路，要让孩子的欲望从小得到满足，哪怕还睡在摇篮里，这样他们长大就不会十分渴求某一样东西。孩子们首先应该学会懂得，他们之所以能够得到想要的东西，不是因为喜欢就行而是因为适合他们。如果他们从不因为得不到必需的东西而哭喊，不用哭就得到了相关的满足，那么他们就不会学会借助哭闹的方式去获得控制权，也不会因为自己对某件事情没有掌握第一时间的主动权，而让自己和他人关系变得紧张。如果他们从来不用通过表达烦躁而获得某种满足，便会坦然接受得不到某样东西，就像他们都不会哭闹着要去摘天上的月亮一样。

39. 我的意思并不是说，孩子在任何事情上都不能被呵护、被迁就，我也不希望他们像议员那样循规蹈矩。孩子就是孩子，应该被温柔以待，应该做游戏，应该有玩具。我的意思是，不论何时，如果孩子们想要的东西不适合他们，切不可因为他们年纪小、他们喜欢，便答应下来。但凡是哭闹纠缠想要的东西，不论他们怎样闹，都应该拒绝。我见过一类孩子，用餐时不论上什么菜，从来不主动要吃这吃那，而是给什么吃什么，欣然接受；也见过另外一类孩子,看见什么菜都要哭着要,每道菜都要吃而且是第一个吃。有的孩子想得到任何东西时都要哭闹,而另外一些孩子则完全不同,是什么原因造成了如此大的区别?孩子越是小,还没有形成有序、可控的饮食习惯,越不应该迁就他们的胃口;孩子越是没有形成理性判断,父母越是要对其进行绝对的监督和管理。基于这一点,我认为只有明智谨慎的人才应该陪伴在孩子左右。如果大部分的人不能照做,我别无他法,我只是说了应该做的。但如果世俗已经形成固定的观点,我不必大费周章力挽狂澜。但我深信,一旦这个问题纳入讨论,会有人跟我持相同的观点,相信越是早些照着立规矩,孩子就越是容易接受,监护人也越是容易执行。一旦决定遵循,这条规矩就要当作座右铭一以贯之地执行,不能因为孩子哭闹就破例,哪怕只一次,不能让他们哭闹而得逞,除非你有意通过这种"奖励",让孩子变得暴躁而粗鲁。

尽早管教

40. 因此,凡是有心管教子女的人,应该在他们很小的时候早早开始管教,并且要让他们完全听从父母的命令。如果你想让孩子过了儿童时期仍然听从于你,则要确保在他刚刚知道服从的时候就建立父亲的威信,让他知道该听谁的。想让孩子敬畏你,就要在孩子小的时候树立权威,等他慢慢长大,再逐渐建立亲密关系。这样一来,你要在他小的时候教育他乖巧懂事(这是合适的),长大后同他做亲密无间的朋友。因为在我看来,有些人恰恰是反着做的,在孩子小的时候过于宠溺,而孩子长大的时候却保持距离,摆出一派威严。对于孩子来说,过于自由和娇纵不是一件好事,这样的年纪需要加以约束和管教，才能教会他们明辨事理。相反，独断专行却不是对待成年人的正确方法，他们已经有自己的一套处事原则，除非你想让你的成年子女对你心存芥蒂，心里暗暗诅咒："父亲，你怎么还不咽气呢？"

三 一般建议

权威意识

41. 孩子小的时候理应把父母看作君主、绝对的领导者，对父母心存敬畏；当他们到了更加成熟的年纪，应该把父母看作最好的、最可信的朋友，去热爱和崇敬。我认为大家会觉得这样的判断符合理性。如果我没说错的话，这就是唯一的方法。我们必须在孩子长大以后平等以待，他们具有和我们一样的渴望、一样的追求。人类是理性动物，追求自由；没有人能在长期的斥责和恐吓下安然成长，也没有人能够长期忍受奚落与冷遇。任何遭受上述待遇的成年人，都会寻求别的陪伴、别的朋友，寻找其他方式倾诉，以获得精神上的自在和放松。如果孩子一出生就受到严厉管束，他们就会比较容易接受，乖乖听话，因为他们还没有机会感受另外一面。等他们长大明事理了，这种严厉就可以渐渐放宽松了，父亲们就可以变得和颜悦色一些，逐渐拉近亲子距离，并且当孩子们体会到原先父母严加管教是为他们好，为让他们更深地体会和感受父母的爱、更好地赢得他人的尊重时，先前的所有约束都会转变为增进亲子感情的砝码。

42. 关于在子女心中树立父母权威的一般原则，我已经讲得够多了。首先要让孩子对你产生敬畏，等孩子长大成熟时再多给予爱和关怀，因为终会有那么一天，棍棒教育和惩罚不再奏效。到那时，如果不用爱来感化他们，让他们言听计从、恭恭敬敬，如果不用爱惜名誉和美德来引导他们走正途，我想知道，你还有什么别的办法？的确，若孩子仅仅因为害怕少得财产而不敢惹你生气，那么他们服从的仅仅是你的财产，私下里依然会邪恶、堕落；那么这种约束和限制是不会长久的。每个人都有凭自身行为而受到信任的时候，一个善良、有德行、有能力的人，一定是由内而外的。因此，他所受到的教育，遭受过的重大影响，都是塑造他本性的重要时刻；一个人的原则和底线，不是在防止父亲一怒之下剥夺他继承财产资格的恐惧下仓皇拼凑的，而是由无数好习惯铸就的。

43. 刚才谈的是一般原则，顺着思路往下讲，我们来聊一些具体问题。我曾一再谈到对孩子严加管教，也许有人会心存怀疑，认为我没有考虑到孩子年幼稚嫩尚且需要呵护。但如果他们听到我接下来要谈的，可能会打消疑虑。我很了解，极其严重的惩罚起到的教育作用不大，不，甚至可以说有很大危害。并且我相信，大家能够发现，在同等条件下，挨骂受罚最重的孩子，长大以后很少优秀。因此我在这里要强调的是，无论需要什么样严格的管理，总是孩子越小越受用。要惩罚适度，一旦奏效，应适当缓和，转而采用比较温和的管教方法。

44. 父母在孩子记事之前就坚持不懈地让他们的意志变得温驯、平和，那就可以使它自然成性，不至于出现反抗和不满。唯一需要注意的是，要趁早，而且要一以贯之，直到父母在孩子面前完全建立起威信，让孩子心甘情愿地服从，不带一丝勉强。一旦确立权威（一定要趁早，否则矫正起来会很痛苦且耗时增加），即使孩子仍存在各种顽劣，只要不过分，当他们长大成人、知书达理时，不必借助打骂、呵斥或其他严厉的惩罚，凭借少时养成的品格，就可以约束得住。

45. 我们只要考虑一下什么是教育最本质的追求，以及建立这一目标的依据是什么，便很容易能接受以下观点。

第一，那些因失去理性而无法控制自己的欲望、不知道如何放下一时喜好和痛苦的人，需要美德和勤勉克己来加以约束，否则便会一事无成。而自我克制的习性与他们不羁的天性相悖，所以应该及时培养；同时，这一习惯是未来的能力和幸福的真正基石，所以只要有可能，应该尽早被孩子铭记在心，早在孩子开始懂事、记事之前，就在他们心中牢牢扎根；凡是对儿童教育负有责任的人，都应该想方设法帮助孩子养成这种习惯。

46. 第二，另一方面，如果孩子想法受到压制，过于谦逊；若因被管得太严，变得唯唯诺诺，丧失了精神和斗志，情况则较之前者更加糟糕。那些被宠溺的少男少女们当中朝气蓬勃的一类，有时可以改正，成为有才能的、优秀的人；而垂头丧气、懦弱而空虚的孩子却永远都打不起精神，更别谈去取得任何成就。如何巧妙地绕开这两者的弊端（去培养一个完美的孩子），是一门伟大的艺术；既让孩子充满活力和朝气、自由烂漫，又能够克制自己，还能够坚强面对挫折，谁能够实现这些看似相互矛盾的教育目标，我敢说，这个人是深谙教育之道的。

47. 鞭笞是在惩罚孩子时采用的一种简单粗暴的办法，这是教师一般所能了解到或想到的管理儿童的唯一手段。然而却是最不恰当的教育手段，因为它存在两种弊端。正如我们揭示过的，它们像神话中的女妖斯库拉和卡律布迪斯（前者吞没船员，后者吞没船只），二者左右围攻，最终带来毁灭。

48. 第一，棍棒教育丝毫也不能帮助人们克制追求肉体享乐、及时行乐的天性，为了免受皮肉之苦，反而会加强这一天性，让人们更加渴求物欲追求，从而导致各种卑劣行为和不规律的生活。除了避免挨打受罪，孩子们还有什么别的动机收敛爱玩的天性转而刻苦读书，或是放弃自己爱吃的不健康水果？这种情况下，只能促使孩子追求更大的身体的享受，避免承受更大的皮肉之苦。本着这种动机去约束行为，能起到什么效果呢？要我说，这么做反而让孩子更加信奉我们本想要根除和破坏的原则，除此之外还有什么呢？因此我认为，相比于体罚带来的痛苦，更要让孩子做了错事时体会到羞耻，否则教育便失去其意义。

49. 第二，这种惩罚措施自然会让孩子产生逆反心理，对老师极力让其喜欢的事物产生厌恶。我们不难观察到，孩子刚开始还可以接受某样事物，而在受到老师鞭打、斥责、讥讽等不当引导之后，反而讨厌起这些事物来。其实这也不足为怪，即使是成年人，也很难通过这种方式与任何事情达成和解。对于某项无害的消遣，他原本无所谓喜欢或不喜欢，如果有人用鞭子去抽打他，恶语责骂，非要他加入不可，他岂不会感到厌恶？如果他真心想加入，却也常常被人这样对待呢？结果可想而知，许多无辜的事情也会受到不好的联想和牵连；例如，一个人经常拿着某个杯子喝药，那么一看到这杯子他就会倒胃口，就算杯子盛放再美味的食物都没法引起他的食欲，哪怕它洗得再干净、样式和材质有多好。

50. 第三，奴隶式的管教造就奴性的脾性。孩子迫于悬在头上的棍棒不敢造次；一旦没有了这根棍子，或者不在棍棒可及的范围，他们就会原形毕露，大肆放纵；这不仅不能让孩子改变恶习，反而还会变本加厉；长期的压制会酝酿更可怕的暴力；诸如此类，不一而足。

51. 第四，如果最严厉的惩罚的确起到了震慑作用，压制住了孩子的躁乱，那么它通常会带来更糟糕和危险的负面影响——伤害孩子的心灵；那时，躁动不安的反叛少年将不复存在，取而代之的将会是一个情绪低迷的"行尸走肉"，不吵不闹，也不惹麻烦，他不符合年龄的成熟稳重或许可以取悦不明事理的人们。然而这样的孩子可能不会与他的朋友愉快相处，最后，终其一生百无聊赖、无所事事。

52. 对孩子动粗，或者用其他方式体罚和规训，并不适用于培养聪颖、善良和有创意的人；因此很少被使用，除非遇到一些重大的、极端的情况。另一方面，也应该注意避免拿孩子喜欢的东西作为奖励来奉承孩子。那些用苹果、甜李等孩子喜欢的东西作为诱饵，引导孩子多读书的人，只会助长孩子对于享乐的追求、纵容孩子那些向恶的天性，而这些本应该被压制和制止。你不能一面束缚孩子的喜好，一面又以满足其喜好为奖励让孩子去做其他事情，否则永远别期望他能够掌握克制欲望的要诀。想成为善良、聪慧、正直的人，他应当学会克制自己的嗜欲，凡是遇到理智所反对、责任所要求时，他应克制住自己对财富、衣着以及美食的欲望。但是当你用零花钱驱使孩子做他本应该做的事情，或者用一小口美食来鼓励他读书的时候；当你承诺孩子达成某些小目标就送他蕾丝领结和精美西装时，难道不是在鼓励孩子去追求奖励，追求物质并以此为乐吗？因此，人们通过错误的奖励和惩罚，并没有令孩子感受到学习本身的乐趣和益处，而是让孩子看似勤勉地学习文化、舞蹈和其他知识技能，实则扼杀了其美德，背离了教育的初衷，让孩子变得奢靡、虚荣、贪婪。这种方式助长了本应控制和压制的天性，为以后酿成更大的恶奠定了基础，而为了避免酿成更大的恶，除了克制欲望、尽早让孩子学会理性控制，别无他法。

53. 我这么说并不是阻止孩子追求生活中的一切便利和快乐，连同对他们身心健康无害的追求一棍子打死。相反，我提倡孩子追求快乐和想要的生活，让他们尽情享受所有纯粹的欢喜；前提是要格外当心，这种享受是建立在被父母和监护人充分尊重和接纳的基础上的，而不是单单靠奖励驱使、佯装自己喜欢明明厌恶的某样东西，否则一旦奖励取消，他们将不再有动力坚持。

54. 但如果你一面收起了处罚的大棒，一面又取消了奖励的甜头，那么（你会问）如何管教孩子呢？一旦消除了希望和恐惧，管束也就没有什么效果了。我认为奖其当奖、罚其当罚，是所有理性生物的唯一生存动力，也是人类工作赖以遵循的赏罚原则，因此同样适用于孩子的教育。我建议父母和监护人时时刻刻要牢记，希望他们把孩子当作理性动物来对待。

55. 如果我们想要教育好孩子，就一定要做到赏罚分明。我上述提到的奖励孩子的错误做法，错在选错了奖品。当家长奖励或惩罚孩子的时候，满足感官上的享受或者使其受皮肉之苦，会带来不良后果。如我前文所说，这只会助长孩子顽劣的天性，而这些本是我们要压制和管教的。如果你变相满足了孩子的无理要求，会在孩子心中种下什么样的道德标准呢？这只能让他的贪欲更强，最后欲壑难填。如果一个孩子哭闹着想吃对身体有害的水果，为了制止哭闹，你给了他一个对健康伤害稍微小一点的蜜饯。这么做虽然可能保住了他的健康，却宠坏了他的思想，最终一发不可收拾。因为你虽然没有给这个水果，但变相地满足了他的味蕾，让孩子觉得有需求就应该得到满足，正是这一点，我在前文也说过，酿成了祸根。除非你让孩子学会承受被拒绝，学会接受求而不得，否则孩子只能因当下的满足而表现出短暂的平和有序，实质的问题并没有得到解决。按照这个逻辑，是家长的不当引导造成了孩子所有不良行为的恶之源，等它下一次再爆发的时候，势必会更加猛烈，激起他更强烈的欲望，反过来也给家长带来更多的麻烦。

💡 荣誉意识

56. 我们借助奖励和惩罚给孩子树规矩的法子是另一类的，它们一旦发生作用，事情便办完了，困难便过去了。事实上，激发荣誉感和羞耻感，才是所有激励因素当中最强大的。如果你能教孩子爱惜名誉，惧怕羞辱，你便教会了孩子真正的法则，这个原则就会持续发生作用，从而引领孩子们走上正途。有人会问，怎样才能做到呢？

我承认刚开始看起来困难重重，但为了找到真正的教育秘诀，去追寻并实践，一切都是值得的。

57. 首先，（早在我们发觉之前）孩子就对表扬和赞赏非常敏感了。当得到他人的尊重和表扬时，他们会感到快乐，特别当这些人是他们的父母或者是他们依赖的人时。因此，如果父亲在孩子表现好的时候温柔地拍拍孩子并给予表扬，在孩子表现差的时候冷眼相待，并且母亲和周围的人与父亲的态度一致，不用多久，孩子就会觉察出区别。如果一直坚持，我认为一定比棍棒和恐吓教育有效，因为随着孩子渐渐长大，如果他自身无法意识到做错事可耻，再打再骂也没用。因此，应尽量少用或者不用体罚式教育，除非遇到极端恶劣情况，我后面会谈。

58. 通过这种方式，孩子们从一开始他们喜欢的、归属的事情当中形成了固定经验，并且享受备受尊敬的状态，他们的欲望就会从具体需求转化成对美德的追求。如果家长通过这种方式，能让孩子懂得羞耻而尽量避免犯错，能够让孩子喜欢上世间美好的事物，不管你今后再怎么引导，他们都会热爱一切美德。其次，为了让孩子更深地体会尊重和羞耻，更加珍视荣誉，应让他们知道什么样的行为会带来这两种不同的感受。并不是表现好得到物质奖励、表现差受到体罚，而是让孩子感受到一种持续的氛围和精神动力，好的行为带来荣誉，坏的行为让其蒙羞。如此一来，孩子就会更加相信，良好的行为会带来表扬和尊敬，会令所有人喜爱和珍惜，会带来接二连三的好事；另一方面，如果一个人做了丢人现眼的事情，并且不留心去挽回自己的名誉，就会不可避免地受到轻视甚至鄙视。这样，孩子就会继续想要做能让他感到满足和愉悦的事情。

59. 我想这其中最大的困难来自仆人的愚昧和袒护，这些愚蠢的仆人几乎无一例外地坏了父母的计策。孩子们犯错了，在父母面前受到责罚后，通常都会跑到仆人面前博取同情或发泄怨气，而仆人们总是想方设法博得小主人欢心，因而白白浪费了孩子父母的良苦用心。事实上，当父母给孩子脸色看的时候，周围所有人都应该持同样的态度，不要有人给他笑脸，直到孩子请求原谅、决心改正、恢复信誉。如果能坚持遵循这一原则，我猜想就没有必要打或骂了。表现好所带来的安心和满足能够快速地教会孩子去追求荣誉，不用家长打骂，自然就会避免做大家反对并且不讨好的事情。孩子们也会因此而学会谦逊和知耻，并且他们会很快自然而然地痛恨做大家讨厌和漠不关心的事情。至于怎样避免让仆人的庇护成为绊脚石，我把这个问题留给各位父母考虑。我认为这个问题事关重大，所以父母如果能够请到谨慎小心的仆人，应该会非常高兴。

60. 该注意避免频繁地打骂孩子，因为这种方式的管教除了让孩子害怕遭受惩罚外，起不到任何让其知耻、知辱的教育效果。再者，如果他们并没有意识到自己做错事，也并没有觉得自己做事情多招人嫌，那打骂就起不到效果。打骂所产生的痛苦只是看起来弥合了目前的创伤，平息当下的怒火，并没有触及问题的本质；只有当孩子发自内心地悔过、痛改前非，才能真正起到管教的效果。这些本身可以起到约束作用，让孩子守规矩。但是如果反复因为同一个问题体罚孩子，很可能失去作用，令孩子丧失自尊心和羞耻感。孩子的羞耻感和妇女的温良谦逊是一样的，如果频繁地丢面子，很难再重新找回自尊。如果父母打几下耳光能解气，那么孩子做错事后对父母产生的愧疚感，也很快就会消失。父母应该好好想想孩子犯了什么样的错误才值得他们发脾气，而一旦孩子做错事惹父母发了脾气、动了粗，父母就不能轻易地眉开眼笑，应该继续保持严厉的表情，不要那么快与孩子和解，直到孩子知道错误、改过自新。如果不这么做，惩罚就起不到应有的效果，而且孩子很快就倦怠了；犯错，被打骂，被原谅，就像早晨、中午、下午交替，日复一日，循环往复，如此自然。

61. 关于声誉,我只能再说一点,虽然它并不是真正的原则,也并非道德的衡量标准(它是一个人对职责的认知,服从造物主带来的满足,人们听从上帝的旨意,以期得到接受和赞许),但它最接近原则和道德。名誉是大家根据理智、对于有德行的良好行为的一种共同认可。直到孩子成熟到拥有自己的判断力并通过自身推理分清正误之前,它一直是指导和鼓励孩子的有力工具。

62. 这种看法可以指导父母如何批评和表扬孩子。孩子犯错时,斥责和呵斥有时难以避免,但语言要冷静、庄重,应当在私下里单独进行。但当孩子值得称赞时,家长应该当众表扬。孩子受到表扬之后,经过大家一番传播,则奖励的意义就要翻番。在批评错误时回避一步的谨慎做法会让孩子产生更多的自我信誉价值感,让他们觉得自己是有名誉的人,从而会更小心地去维持别人对自己的好感;但当大庭广众被批评而羞愧感不断增强,孩子就会放弃对声誉的保护,他们越是觉得自己的声誉已经有了瑕疵,就越缺乏赢得他人的正面看法的意愿。

63. 如果教育方法得当、惯例建立好,就没有想象中那么必要地频繁施以奖励与惩罚。孩子的无心之过、玩耍和孩子气的行为,只要他们尊重周围的人,家长就应该给予最大的宽容,任其发挥,不要干涉。如果是年纪小造成的错误而不是孩子本身的过错,就应该交给时间,孩子通过模仿,随着慢慢长大,问题会自动解决,孩子不必经历大量滥用且无意义的纠正。这种纠错行为要么无法压制童年天性,改变的只是无用的方面,可谓毫无裨益;要么会限制属于那个年龄段的天然的快乐,只会破坏孩子的性情。任何时候,当孩子玩闹的噪声给他人带来不便,或者不适合所处场合或给同伴造成不适(在父母在场的情况下),爸爸或妈妈,如果已经建立了应有的威信的话,看一眼或者说一句就足以让孩子当场安静下来。但这种好玩好闹的秉性,原是自然根据孩子的年龄与性情所做的安排,本应该加以鼓励,让孩子振作精神、

强健体魄，大可不必压制和约束。其中首要技巧就是允许孩子做他们要做的事，运动和玩耍亦是如此。

💡 规矩意识

64. 现在我要提到一个我认为一般教育方法中的错误做法，就是在各种情境下，让孩子记住规则和准则、规范。对于这些规则，孩子们通常不理解，也经常听过就忘。事实上，每当你想让孩子做某件事或者换个做法，孩子总是忘记或者做得很糟糕时，应该让他不断重复去做，直到做好为止。采用这种方法，有两个好处。第一，你可以借此知道某种行为是否是孩子能做或者适合做的，因为有些时候孩子会被要求做一些事情，尝试之后，发现其实做不到，这就需要事先教导、让他们练习。但对于教导者来说，发出命令远比教导要容易得多。第二，通过不断重复同一行为直至形成习惯，那时孩子的行动便不必再靠记忆与思考，而是一种自然的习惯。我们要知道，记忆与思考是深谋远虑与成熟的伴随物，而不是童年的伴随物。因此，向一位绅士回礼鞠躬，别人讲话时看着对方的脸，对于一个教养良好的孩子来说，是像呼吸一样自然的事情，根本无须思考、沉思。用这种方法纠正孩子的错误，错误就会被彻底改正过来。这样你就会一个接一个地把错误全部根除，让孩子形成你喜欢的习惯。

65. 我见过许多家长拼命给孩子建立规则，但可怜的小孩哪怕记住十分之一都不可能做到，更别说实践这些规则。然而，他们一旦违反了这些繁复的规则和不恰当的规范就要被骂或者挨打。因此，孩子不在意自己听到了什么，因为很明显他们无法保持足够的注意力，无法不逾矩，躲开随之而来的斥责。

因此，给你的儿子立的规矩要尽可能少，甚至要比那些看似绝对必要的规则还要少。因为如果你给他建立了很多规则，下面两种情况之一必然会发生：或者是孩子会经常因为做错而受到惩罚，惩罚过于频繁难忘；或者你必须对一些违反规则的情况视而不见，这样孩子容易变得顽劣，你的权威也对他不值一文。尽量少立规矩，但一旦立了规矩就要坚持贯彻。随着孩子逐渐长大，一条规则得到很好的实施之后你可以再增添其他。

建立习惯

66. 不过请记住，孩子不是被规则教育出来的，那些条条框框总是被孩子们忘记。那些你认为孩子必须做的事，就通过实践来训练，每当情境一出现就对孩子进行训练；如果可能的话，就创造情境。这会让孩子们形成习惯，习惯一旦建立，他们就会自动做出反应，不再需要记忆的辅助了。但在这里，我还想做两点提醒。一是让孩子建立习惯要通过温暖的话语和温柔的警示，而不是通过激烈的斥责提醒他们忘记的事情，好像孩子是故意忘记似的；二是注意不要一次性建立太多习惯，容易杂而不精，令人混淆。当习惯形成自然，无须反应，你就可以建立另外一个了。

这种在导师指导下，通过同一行为反复实践形成习惯而不依赖死记硬背规则的儿童教育方法，无论从哪方面想都有很多好处，可这种方法为何竟被如此忽视，我不由得感到奇怪（如果关于任何事物的不良习俗足以为奇的话）。我再说一点现在想到的，通过这种方法，我们能了解对孩子的要求是否适合他的能力或者符合孩子的天性和体格；要想教育正确得当需要考虑的方面有很多。我们不能寄希望于全然改变孩子的天然秉性，我们无法在不伤害孩子的前提下，使快乐的天性变得忧郁沉重，也不能把忧郁的性情变得朝气蓬勃。上帝已经赋予不同的人不同的性格，就像是人的外形一样，或许可以做一点改动，但无法彻底变成相反的性情。

因此，大人应该好好研究孩子的脾气秉性，通过尝试观察孩子的习性，看他们最容易走哪一条路，哪个路数最适合他们发展；观察他们的天性，思考如何改进和适合做什么；大人应该考虑孩子缺乏什么，孩子是否具有能力通过勤奋和实践获得，以及是否值得通过努力去获得。在很多情况下，我们能做的或者我们的目标应该是最大程度地利用孩子的天性，预防孩子最易形成的恶习，充分发挥其天性的优势。每个人的天赋都应该尽可能地保留，尝试开发其他的天赋往往徒劳无功；即使通过外力施加，加以掩饰，充其量就是只有外表，而且总是带着矫揉造作的痕迹。

举止得体

我必须承认矫揉造作不是孩子从小就有的，也不是没有经过教导的天性的产物。它不是生长在荒郊野岭的，而是生长在花园里，因为园丁疏于照顾或是方法不得当，长出的杂草。管理和指导不慎，以及对于礼貌的过分强调都会让一个人学会矫揉造作，这种做作为的是改正天生缺陷，时常带着值得称赞的取悦目的，即便往往得非所愿；它越努力披上优雅的外衣，越是背道而驰。所以，我们需要更加注意，因为它是教育所产生的错误；这是一种畸形的教育，然而年轻人或是由于自身错误或是身边人的不良做法，往往会掉入这一陷阱。

优雅的态度永远讨人喜欢，只要考察一下就会发现，优雅的举止在于永远自然而然地在恰当的场合做恰当的事。当我们遇到仁慈的、友好的和文明的人，我们都不禁感到愉悦。一个自由的、自我主宰心灵及行为的人，不粗俗狭隘，不傲慢无礼，也无重大缺陷，是每个人都喜欢的。从美好心灵衍生出来的行为，作为其心灵的真实体现和精神性情的自然释放，从容且不受约束，也会让我们感到愉悦。在我看来，人类行为中闪现的美既激发了美好的行为也感染了那些向美靠近的人。他们通过不断练习后，就形成了自身举止的风格，在与人交往中，其天性或习惯已经建立起机制，会表达文明和尊重，不费吹灰之力，毫无人工或研究成分，而是自然地伴随美好心灵和性情而来。

反之，造作是对天然表现的拙劣模仿，缺乏自然而然的美。因为外在行为和内在意识之间总会存在差异，表现为以下两种方式：一是一个人明明没有这种心态，却披上伪装，通过举止展示出虚假的心理状态。这样的话，他这种矫揉造作的态度会自我暴露，比如有些人有时候会表现出悲伤、愉快或者仁慈，但实际上他们并非如此。

二是他们并不刻意地展示虚假的性情，却表现出并不适合自己的举止。这样的人在交际中，无论是动作、行为、语言或是表情都是小心翼翼的，刻意表现出对对方的尊重礼貌或是他们的满足从容，这并不是他们自然真诚的表现，而是反映了他们内心的缺点或错误。模仿他人，而不去辨别他人的优雅之处是什么，性格的特别之处在哪里，往往是造成上述问题的主要原因。无论源自何处，矫揉造作都是令人讨厌的，因为人们天然讨厌伪装，谴责那些只会装腔作势标榜自己的人。

朴实无华和未经雕琢的天性要远好于忸怩作态。如果没有什么成就，或是行为方面有缺憾，态度不能达到优雅的境界，通常不至于有人注意和指责。但我们举止中的任何一点矫揉造作，就像是给我们自己的缺点点上了一支蜡烛，结果一定会让我们暴露，要么被人说是缺乏见识，要么被人说是缺乏真诚。

这需要我们更加注意，因为正如我前面所述，它代表着一种从错误的教育中习得的丑陋，那些假装有教养，在交际中装腔作势却自以为举止优雅的人往往有这个问题。而且，如果我没弄错的话，这往往跟教育者的懒惰有关，他们只知道制定规则，树立规范，但并不把理论和实践结合，不知道让学生在他们的监督之下重复行为，以便纠正其中不体面或矫揉造作的部分，使这种行为习惯成自然。

67. 所谓礼貌，经常让孩子们感到困惑，他们聪明的仆人和家庭教师常常好言相劝他们要礼貌，我认为优良的举止应该从榜样身上而非规矩中习得。孩子，如果不是受旁人不良影响的话，会以礼貌举止为豪，他们会乐于仿照榜样，使自己的行为变得优雅。但如果对此有些疏忽的话，男孩子不能绅士地脱帽，也不能优雅地放置双腿，一个舞蹈老师就能改正这些瑕疵，把那些人称小丑做派的行为洗刷掉。于我而言，没什么能比舞蹈更能让一个孩子变得自信和优雅，使他有资格和年长的人交际，所以应该尽早教孩子学习跳舞。虽然跳舞只是一种外在优雅的动作，但不知为何，我觉得它使孩子的思想和举止具有男子气概的作用比其他训练都强。除此以外，我是不愿意让小孩子因为礼貌上的细节而吃苦的。

💡 善择陪伴

不要为了孩子身上的礼貌问题而烦恼，随着他们的年岁增长，可以改正过来。因此，家长最不应该在意的就是孩子年幼时的细节举止，只要他们打心里知道应该有礼貌（那是你应该尽早培养的）。如果孩子的意识中充满了对家长和老师的尊敬，这其中包含了爱、尊重和对冒犯他们的恐惧，同时，对其他人也怀有尊敬和好意，那么，这种尊重的心理就会让他学会那些最能被人接受的表达方式。要教给孩子仁爱和善良的原则；你要尽力通过名誉和表扬，以及随之而来的种种美好的事物，让这种善良的原则成为孩子的一种习惯。当这些在孩子的意识中扎根，并经过反复实践，你就无须担心了。那些优雅的谈吐和优雅的举止礼仪，都会在恰当的时候到来。只要孩子能从仆人的照料下解脱出来，交给教养良好的男士去做他们的老师的话。

当孩子很小的时候，粗心大意是与生俱来的特质，这并不代表着骄傲或者本性不好；然而当他们的行动中如果出现骄傲或邪恶的迹象时，就应该通过上述方式立刻纠正。我上述关于礼仪的观点也未必表述得足够清楚，有人认为我的意思是说我们虽然知道怎样教孩子懂礼貌，也不应该在孩子年纪尚幼时就开始陶冶他们的动作和举止。我的意思其实是，假如孩子在刚学会走路的时候，就有手段高明的人采用正确的方法去栽培他们，将会是非常有好处的。我反对的是关于这件事通常所用的错误的办法。那些从未在行为方面得到任何教育的孩子通常（尤其是当陌生人在场时）会因为举止不端庄备受指责，脱帽、腿姿不端庄等都是被斥责的原因。那些表面上纠正孩子举止的人，实际上大部分都是为了掩盖自身羞愧而已；他们责备可怜的小孩，有时往往过于激烈，以此转移目标，以免旁观者会把小孩的举止无礼归咎为家长缺乏关心和教育技巧。

对小孩子本身而言，他们从不会因为这种偶尔的教导而有所进步。家长应该事先进行教导，让孩子知道该做什么，通过重复合适的行为习惯成自然，而不应临时教育小孩他们从来没有习惯或者并不知道怎么做的行为。在每次事到临头时给孩子指指点点并不是在教育他们，只会给他们带来无谓的痛苦。不要干扰孩子，不要因为并非孩子的过错或是孩子无力修正的行为而斥责他们。孩子的天真粗心或率直应该交由时间，而不应该经常无端斥责，这既没有意义，也不会让孩子学会举止优雅。如果孩子心思正，内心有规矩有原则，如果有好的同伴，那些外在行为中大部分的粗粝都会因为更好的教育、时间的投入和不断的观察，随着年纪的增长而褪去；如果没有好的同伴，哪怕再多的规则，再怎样纠正都不会让他们改变。你应该知道这个真理，尽管孩子接受你的指导，从每天的养育中学习，对他们的最大影响依然来自与他们交流的同伴及周围人的礼仪。孩子（不，大人也是）都是从模仿中学习的。我们都有点像变色龙，往往近朱者赤，近墨者黑；更不要说是小孩子，他们对看到的比听到的东西理解更深。

68. 我上面提到仆人给孩子带来的一个负面影响是他们的奉承会减弱家长责骂给孩子带来的压迫感，从而也弱化了家长的权威。在这里我要谈到另一个严重问题，就是孩子常常从卑劣的仆人那里受到许多邪恶的影响。

如果可能的话，他们应该完全与这种低劣的交往隔绝。因为这些举止和道德方面的坏榜样会严重影响孩子，每次接触都会给他们带来糟糕的影响。孩子时常从教养不良或者堕落的仆人那里学到他们的谈吐、坏把戏和恶习，否则孩子可能一辈子都不会接触这些。

69. 要完全避免这种弊端绝非易事。如果你从未雇用过愚蠢的或是品行不端的仆人，你的孩子从没有受到过这类人的负面影响，都是很幸运的。应该尽量朝这个方向努力，孩子应该尽量多在父母和能尽心照料他们的人的陪伴下成长。为此，父母或照料人应该时常在孩子左右；在父母或者照料者在场时，孩子应该被赋予符合其年龄段的自由，免于不必要的限制。如果周遭的环境像监狱，孩子就难免会讨厌。他们应可以自由做小孩，不被限制玩耍或做孩子能做的事，真正要防止的是做坏事；然后，要让他们爱上父母的陪伴，感受所有美好事物。要防止仆人为了讨好孩子而给他们烈性饮料、酒、水果、玩具或其他的东西，这些都会让孩子喜欢跟仆人交往。

70. 提说完了陪伴问题，我都打算放下笔，不在这个话题上啰唆了。因为这比所有的认识、规则和指导都重要，所以再长篇大论其他因素徒劳无功、毫无裨益。你要问了，我该怎么对待我的儿子呢？如果我一直让他待在家里，他很可能变成家里的小皇帝；如果把他送到国外，怎么能让他远离随处可见的粗鲁和恶习呢？在自己家里，他可能更加天真无邪，但也对世界更加无知；伙伴一成不变，一直习惯见到老面孔，他一旦外出闯荡，会很容易变得怯懦或自负。

我承认两者都有其弊端。送孩子去外面闯确实会让他更加大胆，更能够游刃有余地与同龄的孩子交际；同学之间相互竞争也能让年轻人更有生机，更加勤勉。不过，在你能找到一个学校，那儿的老师能照顾到学生的礼貌，能悉心培养学生心灵的美德和行为的教养，就像教授那种学者的语言一样之前，你必须承认，你对语言文字有奇怪的价值偏好，更希望孩子去学习希腊语和罗马语，而不是使他成为勇敢的人，你觉得为了一点希腊语和拉丁语牺牲儿子的天真和美德是值得的。年轻人从同学身上获得的大胆和神气通常也混合了粗鲁和自负，那些不适当和不真诚的处事方式不能学习，必须清除，给好的原则和礼仪腾出空间，这才会成就一个真正的有价值的人。一个人要过良好的生活，要能处理好自己的事情，与他从同学身上学到的无礼、恶作剧或者暴力是绝不相容的。大家只要想想这个事实，就会知道学校教育虽然有优点，私家教育虽然有缺点，但是相比之下，后者胜过前者。这样一想，你就会设法把孩子留在家里，去保持他们的天真谦逊，因为留在家里，和亲人更近距离接触，比较容易习得一些品性，那些特质会让孩子长成一个有用的、有能力的大人。女孩子就是在深闺幽居中长大的，也没有任何人发现或是怀疑她们对世界知之甚少或是长成一个不那么有能力的女人。当孩子出生之后，交往会很快让他们成长起来；此外，无论开始有多少的粗糙喧闹，后面都可能会改掉。因为勇气和稳健并不存在于粗糙和不良教养中。

美德比知识更难获取；一个年轻人丧失美德则很难恢复。年轻人的怯懦和无知，常常被归咎于私人教育的失误，然而这不是家庭养育的必要后果，也并非无可救药的绝症。邪恶是两者之中最顽固也是最危险的那种,因此要第一时间杜绝。为了培养美德,首先要小心避免孩子变得怯懦软弱,这是那些在家长溺爱下长大孩子的通病。这种顺从的秉性很容易受到负面影响,暴露其中,小孩子很容易沾染恶习。一个年轻人在离开父母的保护和导师的关照之前应该培养决心意志,稳固其美德,以免交友不慎而误入歧途,堕入深渊。之后,他才能认识到交往中的各种危险,并足够稳健,不至于屈服于诱惑。如果不是因为这一点,也无须在很早的阶段就关注一个年轻人的腼腆无知。交际会有很大帮助;或者如果不能尽快如愿,则更应该在家请一个好导师。因为,要努力尽快培养孩子的男子气概,这能在他独立进入社会时维护其美德。

因此,跟缺乏教养的坏孩子接触,牺牲他的天真去换取在他人面前的自信和世故的技巧是很可笑的。培养稳健和自立主要是为了维护他的美德。如果他恶习满满又信心爆棚,则会助长不良行为,必然会走向堕落。那时,你必须重新设法将他从同伴身上学到的东西剥离,否则只有任其毁灭。男孩与人交往时必然能学会充满信心,这就足够了。谦逊顺从会让他们适应他人的指导,因此不需要费心提前给他们注入信心。真正花费最多时间、要做最大努力的是教会他们美德和教养,使其知道原则,反复练习。这是他们最应该预先准备的,免得以后失去。当他们走进社会与人交往,这会让他们增长知识和信心,从美德中汲取营养。因此,他们应该好好养成美德和教养,让二者深深根植于自身才对。

至于他们长大以后怎样适应与人交往,步入社会,我们放到别的地方再说。但是一个整天与淘气的孩子们为伍,在游戏中学会相互争斗、相互欺骗的孩子,他如何参与符合文明的交际和事业呢?我是看不出来的。学校里聚集的孩子来自形形色色的家庭,孩子从这群玩伴中能获得什么样的品性,真是难以预测。我相信,相对于学校的老师而言,那些能在家请家教的父亲会教给他的儿子更有教养的举止，更多的男子气概，更有分寸感，与此同时让他学习更有效率，更快成熟变成男人。我并不是指责学校里的老师，也不认为这是他们的职责所在。在一个家庭里教两三个学生，跟在一所学校里教挤满一屋子的七八十个学生相比，差别还是很大的。因为无论老师多么勤勉、本领如何高强，他也不可能在教上 50 个或者 100 个学生的情况下，除了在校的时间以外，还能够在其他时间将他们看在眼皮子底下。而且除了书本以外，也不能指望学校老师在其他教导事项上取得多大成绩。每一个男孩子心智和举止的形成需要持续的关注和特别的关照，所以老师根本不可能照顾到一大群孩子，即便他可能有时间去研究和纠正每一个孩子的缺点和错误倾向，学生一天 24 小时之中绝大部分时间是自己度过的，或者还要受到同伴的恶习的侵蚀，所以老师的努力最后只是徒劳。

但是一般做父亲的人，眼看那些鲁莽胆大的人往往最能走上好运道，于是乐于见到自己的儿子变得鲁莽，把这视作孩子会兴旺发达的好征兆。他们看见孩子对同学耍诡计，或者从同学那里学到一些诡谲的伎俩，就认为孩子学会了谋生的本领，可以进入社会，大展宏图了。但我必须冒昧地说，那些把儿子未来财富的基础建立在美德和教养上的人才选择了唯一正确的道路。要塑造一个有才能的人靠的不是同学之间开玩笑或是欺骗，不是他们彼此粗鲁对待，也不是一起精心策划抢劫果园的行为，而靠的是公正、慷慨和清醒的原则，加上观察力和勤勉，这些是男同学之间很少能从彼此身上学到的特质。如果一个年轻人接受的是家庭教育，而学到的东西并不比在学校能学到的多，那么这个父亲就选错了家庭教师。从文法学校选一个高年级的男学生和一个接受家庭教育的同龄的小伙子，让他们成为好的同伴，观察哪个会养成男子气概的举止，哪个会对陌生人举止更得体。我猜想那位在学校待过的男学生一定会信心不足，甚至贻笑大方；倘若他的信心只适用于和同龄人交往，倒不如一点信心都没有。

如果那些普遍的抱怨如实的话,恶习在这个时代真是成熟得太快了,并且过早地在年轻人身上埋下种子。如果你大胆把男孩子放养在国外,试着碰运气或者相信他自己能在学校选择正确的同伴,那么他是不可能不受到这种流行的毒害和传染的。究竟是为何在过去的这些年里,恶习在我们身上如此广泛地传播且难以控制,这个问题就交由其他人来探寻答案了。我希望那些抱怨基督教虔诚和美德以及上流人士的智识和进步都在走下坡路的人应该考虑一下如何在下一代人身上恢复这些美德。我相信如果不从年轻人的教育和原则性上打基础,所有其他的努力都会白费。如果下一代人的天真、清醒和勤勉没有被好好保护,那么期待他们会富有美德,能力强,爱学习就很可笑,而正是这些品质让英国变得强大。我还想再加一点——勇气。虽然勇气一直被认为是英国男人的传统美德。最近经常被讨论的海上发生的一些事情,对我们的祖先来说十分陌生,让我想说纵情酒色会消磨男人的勇气;当这种不节制吞噬掉真正的荣誉感之后,勇气也就难以为继。我认为不可能找到任何一个国家,无论它之前多么勇猛,在军事上守信,或是在邻国之中树立了威信,当腐败破坏了国家纲纪,恶习恣意横行,它还能坦然地自立于世。

淬炼品性

所以,教育上难以做到而又极有价值的那部分目标,是美德,是一目了然的美德,而不是鲁莽冒失,也不是任何处世的技巧。其他一切的考虑和成就,都要为美德让路。唯有美德才是真正的善,教育者不应该只念念文章或是口头讲讲,而是应该花功夫不停地去教育年轻人,直到他们能够真正对德行产生爱好,并把自身的力量、荣耀和乐趣都安放于此。

德行越高的人，取得其他的成就就越容易。那些追求美德的人不会在任何品格方面懈怠，因此我不禁更加倾向一个年轻人在他父亲的眼皮底下，跟随一个好的教师接受家庭教育，这是取得这一教育目标的最好也是最安全的方式。绅士家中从不缺各类访客。当孩子能够应付社交，家长应该让他们多接触陌生访客，与有教养的人多交谈。至于为什么住在乡下的人去邻居家拜访时不应该带着孩子一起，我不知道。但我很确定的是一位在家教育自己儿子的父亲有更多机会陪伴孩子，从而给予孩子合适的鼓励，也能防止孩子受到仆人和刻薄之人的影响，这比把孩子送出去接受教育要来得容易。但是，事情究竟会怎样决定，在很大程度上需要父母根据实际情况和便利条件做出决定。我认为最糟糕的是父亲不愿意为教育儿子花费一点精力；无论他的境况如何，他都对孩子听之任之。不过话说回来，如果有人认为家庭教育太缺少同伴，而一般的学校又不适宜青年绅士的教育，那么将来也许有其他的办法能够克服这两者的弊端。

71. 想一想环境对人的重要性，我们每个人，特别是孩子，多么容易有样学样。现在我要提醒父母们这一点——谁要想儿子尊敬他、听从他，就必须要给孩子足够的尊重。拉丁谚语有云，必须给男孩子充分的尊重。如果你不想让孩子学坏，那就别在他面前做坏事。一旦你做了不良的示范，却指责孩子犯错，他就会指出是你有错在先，从而以你为借口逃避责任、不加改正。如果你因此责罚他，他不会认为你的严厉是出于关爱，为了让他改正错误，而会倾向于认为，父亲是个独断专行的暴君，为了满足一己之欲，随意剥夺他的自由。如果你认为这是你做父亲的自由，这是成年人应该享有的特权，小孩子偏不能做，则更加深了他对这个坏的示范的印象，让他更好奇、更想破坏规矩。你应该时刻记得，孩子比想象中更早懂事；他们喜欢穿马裤，不是因为裤腿短，也不是因为穿着松快，而是因为马裤是成熟男人的标志，穿上它感觉离男子汉更近一步。我这里所说的父亲的榜样，其实也适用于所有对于孩子有影响的长辈，以及想得到孩子尊重的所有人。

💡 奖惩得当

72. 回到奖惩这个话题。所有幼稚的行为，不合时宜的行为，以及其他随着时间的推移和年龄的增长一定会发生转变的行为，（正如我先前所说）这些都不需要拿着棍棒吓唬或者打孩子。如果父母把管教的特权用在教孩子读书、写字、练舞蹈、学外语等方面，拳头和武力就很少能派得上用场了。教会孩子学知识、学本领的正确方法是先培养孩子的兴趣，兴趣会引导孩子自愿为之付出努力和行动。我认为这一点并不难做到，只要孩子的意愿得到尊重、父母赏罚得当，我提到的这些为数不多的规则切实地用在了教育他们身上。

73. 千万不要把孩子的学习变成一种负担，或者一项必须完成的任务。否则，无论孩子曾经多喜欢或者并不反感的学习内容，都会遭到他们的讨厌和抵触。不信，你命令孩子每天固定时间抽陀螺，不论他想不想玩；把抽陀螺变成一项职责，让他早也抽、午也抽，每天练上几个小时，看看孩子会不会很快对这样的玩法感到厌倦。成年人不也是这样吗？对某样事物有再大的兴趣，一旦变成了职责，立马就厌倦了、不能忍受了，难道不是这样吗？像你们这些最骄傲的成年人一样，孩子也想证明自己是自由的，证明他们去做的任何良好行为都是自发的，证明自己的权威和独立，所以请平等看待他们。

74. 因此，尽量不要让孩子按照你的喜好行事，而应该让他们想去做、心情好的时候去做。喜欢阅读、写作、音乐的人也会发现自己在某一时期不想去做这些事。这时如果他强迫自己去做，只会又累又烦，最后毫无成效。

孩子也是一样。应当注意观察孩子情绪的变化，密切抓住孩子学习的黄金时期：如果孩子们情绪不高，应该在他们做事之前，和他们聊一聊，让他们有一个好心情。我想这一点对于一位细心谨慎的老师来说不是难事，细心的老师了解自己学生的脾气，给学生灌输恰当的观点很容易。比如让孩子喜欢当下要做的事情，诸如此类。这样就可以节省大量的时间和精力。因为当孩子不在状态时，看他拖拖拉拉、极不情愿地去学，往往事倍功半，而状态好的时候效率完全可以翻几倍。如果觉得必要，可以让孩子玩到筋疲力尽，同时还要给他们足够的时间去探索什么年龄适合做什么。但这些都是寻常的教育方式所考虑不到的，或是无法充分考虑到的。简单粗暴的棍棒教育是基于其他原则的，他们不考虑孩子的脾气，也不考虑孩子学习兴趣的峰谷，毫无吸引力。如果一直责难、拳脚相加，让孩子对学习产生了厌恶，家长却期待他们乖乖放弃玩耍，高高兴兴去学习，实在是痴心妄想；相反，若是可以把学习变得跟游戏一样有意思，让孩子觉得学习就是在玩耍，这才是对的做法。学习和游戏两方面所费的劳力是一样的。孩子们并不怕辛苦，他们喜欢忙碌，不断变化、换着花样忙天然地让孩子感到高兴。唯一的差别在于，孩子玩的时候很随性，可以自由地表达心中的痛苦（你会发现孩子也会有痛苦），而学习是强加在孩子身上的，是被命令、被强迫、被驱赶着做的。一入门就把他们唬住了，一腔热情也浇灭了。孩子们想自由，所以，请老师来教他们，让老师充当玩伴的角色，别去喊着他们学习，应该让他们就像玩儿一样的自由发挥，并从中得到满足，这样他们怀着乐趣继续学习，感觉像是在玩耍和运动一样。这样一点一点探索，就可以激起孩子学习的欲望，你让他学啥他都会愿意学。我承认最困难的是让第一个学生或者最年长的学生服管；一旦最刺儿的理顺了，再管教其他的也会容易起来。

75. 孩子精神状态好、注意力集中的时候，学习效果最好，这一点毋庸置疑。此时他们学习劲头正足，注意力集中、心无旁骛。但除此之外，还有两件事需要注意。第一，要是你没有准确地捕捉到他的学习黄金期，而碰巧遇到他状态不是那么好的时候，你不可以就此放弃努力，否则长此以往，孩子就会形成习惯性的散漫，并且对自己的散漫确信无疑。第二，尽管注意力不集中的时候，学不好知识，然而教会孩子自我控制，有选择性地克制自己狂热的追求转而全情投入到另外一项任务，或者随时克服懒惰、积极用好自己的学习黄金期，或学会善于听取他人的建议，这些都是很重要的，值得我们为之努力。当孩子不是被懒惰打消了学习念头，就是被其他的业余爱好给勾了魂，我们就应该用这些法子把孩子拉回来，让他们认真学习既定的课程。如果通过这种方式，训练孩子的大脑习惯性地控制自身行为，在必要时，能克服不情愿和心烦，愿意从事新的和相对枯燥的任务，这么做比大多数孩子要去学的拉丁语、逻辑或其他学科知识要影响深远，也更有益处。

76. 孩子在他们这个年纪，是人生阶段中最活跃而忙碌的，他们对能做的事情态度都差不多，因此，如果家长给予的鼓励和批评也差不多，跳舞、跳房子，对他们来说没什么两样。但是谈到学习，我所能观察到的最大的、唯一的打击就是命令孩子去做。孩子背上学习的天职，因此而受到批评和指责，常常怀着害怕和厌恶的情绪；要么就是孩子本来愿意学的，被长时间逼着学习，直到精疲力尽。所有这些都严重阻碍了孩子最喜欢的与生俱来的自由。孩子们认为只有自由才能让他们真正地享受和开心，就像平常玩耍一样。你很快会发现情况发生转变，尤其是当孩子看到自己尊敬和敬仰的人所做出的榜样。如果孩子们看到自己敬重的人也要完成上级的命令，他们就会自我暗示，接受任务也是一种伴随着年龄和级别而来的特权；接着，雄心壮志就会被点燃，追求进步、卓越，成为榜样那样的人，就会变成一股动力，促使他们热情、快乐地努力学习。这种快乐源于自身欲望的满足，其中，他们所珍视的自由起到很大的激励作用。在此基础上，如果能获得认可和荣誉，我想就没必要再费力去鞭策他们用功了。我承认，要达到这一境界，一开始需要耐心和技巧，需要平常心和注意力，要谨慎采取行动。否则如果不费力气就能做到，为什么还要请老师呢？而且，一旦立了规矩，后面只要遵守就行了，这比其他更加严厉、更加专横的规矩遵守起来容易多了。我确信，只要孩子不见到坏榜样，这就不难做到。最大的威胁仅仅来自仆人、缺乏教养的朋辈，以及其他同样邪恶、愚蠢的人，这些人要么是用自己的恶劣行为树立了坏榜样，要么是自己贪图淫乐并且拉着你的孩子一起做。

慎用责罚

77. 正如应该谨慎对孩子使用体罚，因此我认为，频繁地辱骂孩子，特别是发泄式地辱骂孩子同样也会带来恶劣影响。这不仅有损父母的威严，还会降低孩子对他们的尊重；相信你还记得我之前说的，孩子从很小的时候就能够区分冲动和理性了。他们很快会对胡乱辱骂产生鄙视，正如不由自主地对理性规劝产生尊重；或者即便前者短暂产生了威慑力，也很快就会失效，孩子天生会轻易地忽略这些吵吵嚷嚷、没有道理的假把式。对于那些只有出现品行不端（这在幼年很少出现）时才被父母严加管教的孩子而言，一个眼神或动作就足以在他们做错事时起到纠正；或者，就算是有时用上了言语，也应该采用严肃、和蔼且冷静的语气，去批评错误或者即将酿成错误的行为，而不是对孩子一通胡乱责骂。乱骂一通往往会让孩子无法充分理解，误以为你不是在批评他做的错事而是不喜欢他。乱骂往往带有粗话、脏话，带来更不好的影响，让孩子认为自己也可以说粗话、脏话。出于对骂脏话产生的权威感，他们会毫不羞愧地把父母或者其他长辈在他们身上用的脏字用在他人身上。

78. 我估计一定会有人质疑，难道孩子犯错就永远不能打、不能骂了吗？如果都这么松松垮垮，不是乱套了吗？不会的，如果从一开始就对孩子采取了正确的教育方法，并且如前文所说，在孩子心中树立了父母的威信，就不会发生太严重的问题。因为根据普遍观察，打骂起到的作用非常有限，它产生的影响仅仅在于皮肉之苦带来的恐惧和疼痛；好了伤疤忘了疼，这种影响很快就会消失。然而有一种错误，只要孩子犯了就应该被打，那就是屡教不改或者大逆不道。这种情况下，我也会主张把最有分量的部分放在尽可能地让孩子感受到犯错挨打的羞耻，而不是疼痛本身。让孩子后悔自己犯错了、应该受到惩罚，才是好的管教之道。棍棒带来的疼痛，如果没有伴随羞耻和悔过，很快就消失、被遗忘了，也将很快失去原有的威慑力。我听说某个家风严谨的孩子一看见大人脱他们的鞋子就害怕得不得了，跟别家孩子看到棍子悬在头上一个样儿。我认为这种威慑惩罚比真打要高明。因为如果你想让孩子们真正养成好的品格，就应该让孩子惧怕做错受罚时带来的羞耻而不是疼痛本身。但是如果孩子屡教不改，故意要和父母对着干，就该被揍，没有更好的法子。不论你让孩子做什么或者不让做什么，你自己首先要做到，不容争辩、不容反抗。因为一旦变成了技巧的试探，变成了父子之间的较量，你命令、他反抗，这时你必须要确保自己能镇住，如果言语和表情不奏效，该打就打；除非你打算以后永远顺着你的孩子。我认识一位对孩子恩威并施的母亲，为了管束孩子的倔脾气，在她第一次犯错时一回到家就一连打了孩子8次，直到孩子服软，从此孩子再也不敢造次。如果这位母亲只打7下就收手，以后这孩子就更加无法无天，并且，这种不起效果的体罚，最终只会让孩子更加不听话，以后再管起来就很难了。但这位母亲坚持做到让孩子认错，达到了管教和责罚的目的，并且在第一时刻完全建立了权威，之后女儿一定不敢有任何忤逆行为；我想这是这位母亲第一次，也将会是最后一次打女儿。

孩子第一次受责打之苦的时候，等到目的完全达到才可中止，否则还要逐渐加重，直到孩子认错，就可以第一时间让孩子改正思想、树立父母威信；之后父母恩威并施的形象将会一直印在孩子的脑海里。

如果人们认真思考一下我上面提到的，就会对棍棒教育采取审慎态度，从而避免出现把体罚当作万灵药，随意滥用惩罚的情况。然而，如果产生不了好的效果，反而会带来很大的弊端，这是肯定的。如果管教没有深入孩子心灵、不能让孩子从意志上顺从，就会让他变得更加叛逆；他受到的任何痛苦，都会让他更加珍惜自己的倔强和反抗，一次得逞，他便会做好下次对抗的准备，并且期待今后继续对抗。我怀疑是那些错误、暴躁的教育手段，把许多本可以教育得顺从、温良的孩子，教成了顽劣、固执的人。这样的教育方法，看起来就像是为了报复孩子犯下的错，为了泄私愤，那么孩子会怎么想呢？他的想法恰恰是我们需要纠正的部分。如果孩子并没有故意犯错，也没有屡教不改，就没有必要狠揍。对于偶尔因胆小、健忘、一时疏忽犯下的错误，一句及时的善意提醒或者严肃警告就足够了。但如果孩子的思想堕落了，如果是故意的、坚持犯的错，惩罚就不能以当下犯错的大小来衡量，而应该以他所反对的目标、所持的立场，对父亲命令的尊重和违抗程度来衡量；一旦孩子蓄意犯错，应该立即揍一顿，直到他知错认错，并且你能透过表情看出他真心悔过、愿意痛改前非，才能收手。

我承认，这比给孩子布置任务，他做不完或者达不到我们的满意就揍一顿要难得多。在采取惩罚之前，既要细心观察、注意甄别，又要了解孩子的性格，充分评估他们犯下的错。但是这难道不比把棍子当作唯一的管教工具一直捏在手里要高明得多吗？不分场合、滥用棍棒教育，最终只能让这原本最后一招杀手锏变得一点威慑力都没有，一旦真正需要棍棒管束的时候该怎么办？孩子们犯一些无关紧要的小错误时就要揍一顿乱揍，犯其他错时该怎么治？如果仅仅是没跟上学习进度，或者背错了一句诗，就对一向听话、勤勉的孩子挥动教鞭,就像对待屡教不改的惯犯一样,那么如何才能让孩子真正领会管教的意图,从而改正错误呢?让孩子真正地领会教育意图才是唯一需要注意的。当管教达到了教育的效果,其他的事情做起来就顺了。

79. 孩子产生了错误的想法,如果不需要改正,可以不采取体罚。如果孩子犯错以后,态度立马转变,当下就服从父母和老师的管理,那也只是错误而已,通常可以忽略不计。即使需要过问,也只需要稍加提醒、指导、责备就够了。除非后来反复犯错、故意不改,这就表示错在思想上,反映出他们骨子里的倔强和反叛。不论何时孩子发生叛逆,只要是公开对抗的,都不应该被放过或者忽视,而应该在出现苗头的时候就予以制止,完全控制住;唯一需要注意的是,要先确认孩子确实是执迷不改,而不是其他的原因。

80. 不过,既然惩罚特别是体罚,应该尽量避免,我觉得这种情形还是少发生为好。如果孩子已经达到了我先前提到的敬畏的状态,那么一个眼神就足够起到管束的效果。并且我们也不能要求小孩子和成年人一样举止稳重,一样严肃、专注。正如我前面说的,必须允许孩子有这个年龄该有的懵懂和稚气,家长不应过多苛责。粗枝大叶、无忧无虑、嬉笑打闹,是这个年龄段的特点。我之前谈到的问题的严重性,不应该被无限地放大到不顾年龄的特殊性。也不能仓促地把这些问题定性为孩子顽劣、有意捣乱,这往往只是那个阶段的年龄和性格的自然产物而已。在这种错误方面,孩子作为天然的弱者,应该得到正确的引导和帮助。尽管他们有时被提醒到了却依旧会犯错,也不能认为纯属故意,不应被贴上固执、顽劣的标签。因意志薄弱产生的过错固然不应忽视,也不应毫不提醒,除非是有心为之,否则,任何情况下都不能有意夸大,或者严厉斥责;在时间和年龄允许的范围内,温和地将其引入正途。通过这种方式,孩子将会逐渐明白哪一种错误主要的讨厌之处在哪里,从而尽量避免。这可以让他们的思想和立场保持正确。立场正确能让孩子避免酿成悲剧,能让孩子在失败的时候得到善意的关心和帮助,而不是遭到父母和老师愤怒的对待和不分青红皂白的谴责，这是教育当中一项重要的任务。要避免孩子染上恶习或不端的品行，它们会在孩子的各个年龄段不同程度地出现，就像是那个年龄段该有的、像他们经常谈话的好朋友一样；随着年龄的增长，孩子自己就会意识到并加以改正。但是你对孩子说的话一定要有分量、有权威，如果孩子犯了错，在任何场合下，哪怕只是小孩子犯的傻事，你让立刻住手，一定要说到做到，而不能让孩子反占主导。然而，我想说，我建议父亲最好少用权力、少下命令，除非为了防止孩子品行滑落不得已而为之。我想，一定有更好的方法去纠正他们：只要从根本上能使孩子服从你，在大多数时候，温和、理性地劝说一番，效果会更好。

以理服人

81. 可能会有人好奇，为什么我提到要和孩子讲道理；是的，我认为这是对待孩子的正确方式。他们早在会说话时就能够理解话里的意思，并且，如果我的观察没错，他们超乎想象地、很早就喜欢被当作懂事的人。我们应该珍惜孩子的想法，尽可能多地、充分利用这一特点，让孩子成为懂理、讲理的人。

我这里所说的讲道理，是说用孩子能够理解的语言，而不是把3岁、7岁的孩子当作成人一样与其争辩。长篇大论、富有哲理的雄辩，顶多只能让孩子感到惊叹和迷惑，并不能让他们受到切实的指导。因此，我所说的把孩子当作理性生物，是指父母应该把孩子看成是通情达理的人，通过温和的表情、冷静的表达，传达所要讲授的道理，让他们觉得这个道理对他们同样有价值、不可或缺；并且，让他们感受到，人们不是为了随意发泄情绪，才命令或者禁止他们做某样事情的。有句话是这么说的：美德不因受到外界激发而产生，错误不因受劝阻而得以避免，我认为孩子们虽然可以理解它，但未必能信服。然而，一定有一些能让他们这个年龄和理解力可以接受的话，并且这些话通常都言简意赅。责任的基石，善恶的源泉，对于不善于将抽象思维转化为通俗表达的成年人来说尚且不容易理解，对于孩子而言，要理解这些抽象而遥远的原则就更难了。他们还不能够理解复杂的推论，能够打动孩子的说理一定要浅显易懂，符合他们的认知，（如果照我说）最好能被直接感知。然而，若是他们的年龄、性格和爱好能被考虑到，说服他们的动力绝不是没有的。如果没有别的特殊情况，这些说理应该要智慧、有力地打消他们犯下那些会让他们自己蒙羞、让家长生气的错误的念头。

82. 但是，在所有教育孩子的方法当中，最朴实无华、简单有效的方法是父母的言传身教。孩子看到这些身边切实可见的榜样或反例，根据自身的认知，反思某些做法为什么好，将更有动力去学习、模仿；反思某些做法为什么不可取，会更有决心去打消不好的念头，这比说教奏效得多。用再简单的词语来解释美德与恶习，都不及看到了现实生活中的例子后，父母从旁加以引导，哪些是好的、哪些是不好的，来得简单、生动。身边人的案例能够更清楚、更深刻地让孩子学习和理解世间的美丑、善恶，这是任何规则或教训所做不到的。

这种方法不仅适用于孩子的早期教育，只要他们继续求学或求教时，都应该继续采用。而且我觉得，只要父亲觉得合适，无论什么时候他都可以把它当作最好的办法，去改正他希望孩子改变的任何一个缺点。没有什么比言传身教更能够春风化雨、入脑入心了。并且，孩子们时常忽略或者沉溺于其中的缺点，一旦看到别人这么做了，自己就会发现原来那些缺点是多么令人厌恶和羞耻。

83. 有人也许会问，谈到最后的杀手锏——"棍棒教育"，什么时候才有必要打，该由谁来打；是否在孩子犯错的当口，趁着记忆还新鲜的时候打，是否该由孩子的父母亲自去打。对于前者，我认为，不应该立刻就打，以防家长将怒气一并发泄进去；如果不这么做的话，就容易下手太重，教育就失去了分量。因为连小孩子都能甄别家长什么时候是带着怒气的。但是，正如我先前说的，父母沉着地讲道理，在孩子的心中分量最重；他们有能力分辨。关于第二个问题，如果你家里的仆人既谨慎又有能力接手孩子的教育（如果你家有家庭教师也没问题），我认为能够借别人的手来完成体罚自然是最好的，尽管指令是父母发出的，父母要坐在旁边看。这样，孩子因遭受皮肉之苦而产生的反感，就不会完全指向与他直接冲突的人，因而父母的权威可以被很好地维护。所以我建议父亲尽量少打儿子，除非万不得已、无计可施，父亲才可以亲自执行，以免他很快就遗忘了所犯的错误。

84. 但是，正如我前面说到的，动粗是最次的教育方法，只有在极端情况下，任何温和的方法都试过了，才能动用这最后一招。好好地遵循这条思路，应该不会有很多机会需要动粗。因为，如果孩子不经常或者从未在任何特殊场合挑战父亲的权威，父亲不必干预孩子幼稚或无心的行为，这样孩子就可以享受自由，用不着被逼着学习和进步。只有当孩子做出恶劣的事情、屡教不改的时候，才应该狠揍一顿。因此，对于任何了解教育、想要教育好孩子的家长来说，这种惩罚是极少用上的。孩子七岁以前，能犯什么大错呢，除了撒谎和恶作剧，总是把别人的话当耳旁风，父亲直接下命令也没用，这样他们就应该被谴责成倔强，又打又骂吗？如果孩子有任何犯错的倾向，在刚刚开始有端倪的时候，家长就应该对他的行为提出质疑，之后如果再犯，父亲就应该严厉斥责；家教老师的态度也要与父亲一致，虽然嘴上不说，这就是对孩子糟糕表现的合适的态度，并且一直保持这个态度，直到孩子意识到自己的错误并感到羞耻。如此一来，我想就没有必要采取其他的惩罚方法了，更用不着打骂。通常只有当先前的错误没有得到及时纠正时，才有必要用到斥责。如果孩子开始有犯错的苗头就被发现,并且刚刚犯下的错误得到温柔的指正,我们几乎没有必要立刻把事情放大;不需要大费周章就可以让孩子回到正轨,也不需要采取严厉的体罚。每出现一个学坏的苗头,趁孩子不经意间,及时拔除。但是如果我们任由他们犯错(宠溺、纵容孩子们),直到他们身上积恶难返,我们实在感到耻辱、看不下去时,抄起锄头、镰刀、铁锹、斧头,一通深挖乱砍时,我们哪怕用再大的力气、再多的技巧、再勤奋,都不足以拔除祸根,清除杂草,保住我们希望的果实,来酬答我们为之付出的辛劳了。

85. 如果能够遵循这一点,父亲和孩子都可以摆脱重复的训诫和各种条条框框。在我看来,除非当孩子自己意识到是有错的,那些作恶的倾向(这是唯一该让父亲施加权威和掌控的)永远都无法禁止。在孩子还没有意识到错误前,也没有酿成更大的错误时,若家长认为孩子可能有责任,至少应该朝着尽量纠正、宽大处理的方向努力,因为孩子如果对自己犯的错完全是无心的,可能会更好。阻止他们错下去的最好法子,如前所说,是家长在孩子刚出现作恶的意图时表现出质疑和惊诧,一定要在刚出现端倪的时候就这么做。例如,当你发现他第一次说谎,或恶作剧,应第一时间找他谈话,告诉他撒谎是不好的行为,语气要像谈论一件奇异的恐怖事件一样,表现出对他做错事有多么惊愕、无法接受,让他羞愧得以后不敢犯。

86. 可能有人会质疑(这种情况是会有的),说无论我觉得孩子怎样容易教,温和地让孩子知荣知耻的方法如何有效,但总是还有很多孩子就是不愿意读书,不愿意学习,除非鞭子伺候。我想,这里所学的恐怕不是别的,而是一般学校作为时尚所教授的语文,它们从来没有尝试过别的方法,虽然它们本可以引起关注并试着采用。为什么学拉丁语和希腊语需要棍棒抽着、赶着,而学习法语和意大利语却不用呢?学舞蹈、学剑术,也不用鞭策;就算是数学、画画等,他们也能专心致志,无须鞭策。这就不禁让人怀疑文法学校的课程设置或者教学方法，是不是违背了那个年龄段孩子的天性，导致孩子没有学习兴趣，不打不学，打了也起不到多大的作用。所以，认为只有棍棒才能让孩子去学这些语言的说法，本身就是错误的。

87. 但是，我们来假设，有些孩子生来懒散，用温柔的法子怎么都调动不起学习的劲头（因为我们必须承认，孩子的脾气各异），就算是这样，也不能对所有的孩子都一刀切地采取棍棒教育。不试一通，不能说所有的孩子用温柔的法子都教育不好；如果温柔的法子实在教育不好，孩子仍然随心所欲，家长断然不能纵容，这时用拳头是最合适的了。但是怎么掌握分寸，也是有讲究的。对于上课有意忘带书，跟父亲对着干、能做的事情就是不做，给自己找各种冠冕堂皇理由的孩子，不可因为他没有执行任务就狠打两三下了事，此后又一而再，再而三地反复因为同样的错误给予同样的惩罚。一旦到了这个地步，孩子明显蓄意犯错、不得不动拳头的时候，我认为配合着训斥的表情也应该更严肃，语气要更严厉，一边责打一边警告，直到孩子不再为自己耍小聪明而沾沾自喜，而是深刻地认识到自己犯了错，并从表情和声音都表现出了认错的态度，彻头彻脑地感到难过。如果这样的管教方法，在恰当的场合用了几次，并且用了最重的力道，父亲也全程黑着脸，却不起一点作用，孩子既没有转变思想，也没有更听话，那么打骂还有什么意义呢？又该用什么法子来教育呢？如果棍棒教育无法带来任何好的结果，反而看起来更像是暴怒的敌军乱发一阵邪火，而不是来自富有同情心的朋友的好意；如此打骂只能激起愤怒和挑衅，永远别指望能重修旧好。如果哪位父亲不幸有一个桀骜不驯的儿子，除了为这孩子祈祷我不知道该建议他做什么。但是，我设想，如果一开始就把孩子引上了正道，很少会出现这样的情况；而一旦出现了这种反面例子，就不能像对待温顺的孩子一样教育他们，而应该采用其他更好的方法。

> 聘请良师

88. 如果你请到一位家教，能够站在你为人父的角度考虑问题，有责任感并且热爱这份工作，那么他将会从一开始就全心投入，并发现这项工作非常简单；我猜，你短时间内就可以看到孩子在学习和教养方面突飞猛进，超出你的想象。但是千万别赋予他打骂孩子的权利，除非由你授意或者经过你的允许；或者，至少也要在你了解他的为人和秉性之后。然而，为了保证他在孩子面前的师道尊严，除了要保守他不能随意体罚的秘密以外，还要确保对老师保持极大的尊重，并且让你的家人也这么做。因为如果孩子看见你，或者他的母亲，或者其他的家人蔑视某个人，你也别指望这个人能得到你孩子的尊重。如果你觉得这个人确实可鄙，那么你显然就是选错了人；如果你对他表现了一丁点儿藐视，那么他也难逃你儿子的鄙视。其结果是，不论这个人本身多有价值，多有能力胜任这份工作，他都会比你的孩子矮半截，从而再也无法发挥家教的作用了。

89. 父亲尊师重教，孩子一定会尊重自己的老师；老师言行雅正，学生也一定会遵从老师的教诲。老师的行动切不可违反自己的训条，除非他有意要让孩子变坏。如果老师自己放浪形骸，他训斥孩子克制情绪便是白费力气的；如果老师自己行为邪恶、举止无礼，再怎么教孩子改正也是徒劳。学坏容易，学好难。因此，老师必须时刻当心，让孩子别受到负面影响，特别是那些最危险的来自仆人的坏影响；应该注意控制孩子与仆人的交往，不是严禁，应该采取我在前面提到过的方法，因为严禁反而会让孩子更想去接近他们。

90. 在所有的教育原则中，没有哪一条比我接下来要讲的更加容易忽略，或者更难做到的了，那就是从孩子一开始学说话的时候，就让他和谨慎、冷静，甚至堪称睿智的人相处，其职责是帮助孩子进入正轨，远离恶习，特别是来自周遭的不良影响。这份职责要求极大的自觉、自律、温柔、勤奋和谨慎；具备这些德行的人很难用一般的薪酬请到，也是不容易找到的。至于费用，我认为这笔钱是我们在孩子身上最值得的花费。所以，即使这笔钱要比通常所花的多一些，也不能算贵。父亲把钱花在培养孩子成为思想正派、作风严谨、秉性纯良的有用之才，培养孩子成为讲文明、有素养的人上，比花钱买地增加资产更加明智。玩具、丝绸、缎带、蕾丝等种种无用的花费，你都可以尽量节省，而对教育的投入一定不能节省。好的家庭教育一定不会让孩子坐拥财富而头脑空空。我常常看到家长大手笔地给孩子买各种精美的衣服，吃住方面让孩子尽享奢华，纵容孩子和愚蠢的仆人厮混，对孩子的精神世界却任其贫乏，以至于孩子将他们与生俱来的弱点和无知暴露无遗，我感到无比惊异。这些在我看来无非是父母为了满足自己的虚荣、炫耀自己的财富，而不是真正关心孩子。你在充盈孩子思想上所花费的，无论是什么，都表现了你对孩子真正的关爱，尽管这些花费减少了他的物质财富。

一个聪明善良的人永远不会缺少成就感和幸福感；而愚蠢、邪恶的人，永远也不会取得成就和幸福，不论他们继承了多少财富。我不禁要问，你是不是宁愿你的儿子变成世上某些年收入五百镑的人，而不愿他变成你所知道的某些年收入五千镑的人呢？

91. 因此，在有能力支付有关费用的家长看来，薪酬的高低不是问题，最大的困难在于到哪里去找一个合适的人。因为年纪小一些的、格局小一些的、能力弱一些的，还真不能胜任家庭教师，年长一些、眼界高一些、能力强一些的，可能也不愿意做。所以想请家庭教师得早行动，多询问；世界之大，什么样的人都有。我记得，法国人文主义作家蒙田在一篇文章中说到，博学多才的卡斯塔利奥为了果腹，曾被迫到巴塞尔做制作木盘的工作，而蒙田的父亲那时正打算为他的儿子聘请这样一位教师，花多少钱也在所不惜，卡斯塔利奥想必也一定愿意以合理的条件接受这种聘请，可惜的是当时彼此信息不相通。

92. 如果你发现找到一位理想的家庭教师很难，不必感到奇怪。我只能说，不遗余力、不惜代价去找吧，这是我们达到一切目标的方式。我敢向你保证，如果你请到了一位好家庭教师，你不会为花出去的钱感到后悔；相反，你将一直感到满意，认为这个钱比花在哪里都值得。切勿因为朋友介绍，或是出于同情而聘请一个人，也不能因为听到关于他的诸多赞扬就用他。如果执意这么做，你会发现一个严肃、有声望、博学（家庭教师的常见素养）的人并不足以满足你的全部要求。家庭教师的选择跟给令郎选择伴侣一样微妙——因为你一定不希望随意试试，也不希望有太多变数，这些都将给你带来很大的麻烦，给你的孩子带来更大的麻烦。摆在你们面前的这些问题，我原先应该给提了一些建议，但没人采取实际行动。比如，父亲应该考虑这个家庭教师的价值，是不是做好了分内的事，有没有偏离原先的设想。这些人，甚至包括主动应聘家庭教师的人中，离当初的设想偏离了多远。我想，那个能够胜任教育和塑造年轻人思想的人不是随处都能找到的，一定要多花一些心思去挑选，否则，永远找不到合适的人。

93. 据我的观察，兼具严肃沉稳和博学多才的特质，是大家希望在家庭教师身上看到的。大多数人认为有这两样就够了，这也是所有家长想寻找的类型。但是，这样一位先生整天把孩子的精力全部耗在他从大学带来的那些拉丁语和逻辑学上，难道就一定能让孩子成为高尚的绅士吗？难道就有希望能让他变成比他年轻的老师更有教养、更会处事，更具有高尚德行和豁达大度的人吗？

若让孩子学会做人，他的教师首先应该有良好教养，能够懂得在不同的时间、地点与不同的人打交道该有何种恰当的举止和礼仪，并且教他的学生，遵循符合年龄的礼仪规范。这是一门艺术，不是教得好的，也不是从书本上学得来的，只能靠孩子天长日久的耳濡目染。裁缝巧手制作时尚衣服可以让儿童显得新潮，而舞蹈家可以教儿童举手投足尽显时尚，这类事情固然可以让他显得风光体面，却没有一样能把他变成有良好教养的绅士。不仅如此，哪怕他还具有学问也是不够的，如果无法很好地掌握攀谈的技巧，学问反而可以使他与别人交往的时候更加无礼、令人嫌恶。良好的教养为孩子其他的可贵品质蒙上一层光环，使这些品质对他有效用，去为他获得一切与他接近的人的尊重与好感。缺乏教养，其他一切都会被看成骄傲、自负、无用或愚蠢。

在缺乏教养的人身上，往往带有一种武断的色彩，并且也摆脱不了别人对他的这种刻板印象：学问变成了卖弄；才智变成了狡猾投机；直率变成了粗俗；温和变成了阿谀。总之，缺少了教养，什么美德在他们身上都会扭曲，使其形象大跌，反而对他不利。即使某人的德行和才能各自获得了一定的肯定，也不足以确保他得到人们的认可，也无法在所到之处，受到欢迎。就像任何想要看起来精致的人，都不可能喜欢并且佩戴未经打磨的钻石。只有当钻石经过打磨，镶嵌在合适的珠宝上，才能闪耀出最动人的光泽。良好的知识素养给人的大脑提供了宝贵的财富，但是只有良好的教养才能将它们很好地调动起来。一个为社会所认可的人，除了会做实事以外，还需要散发个人的力与美。光有实干，甚至是实用，都不够；做任何事情，优雅、入时的态度，能够帮你美化效果、增加别人对你的好感。并且在大多数情况下，做事情的方式比事情本身影响更大。因为做事方式直接影响到受众的满意度或者厌恶感。做事方式和态度并不体现在脱帽致敬、说奉承话上，而是在面对不同场合、对待不同的交流对象时能够自由且有度地表达，能够运用恰当的表情、动作、姿态。这些只能通过养成良好的习惯和不断练习而习得。尽管看起来超越了孩子的能力，不是他们应该深入思考的问题，实际上孩子应该从小开始跟着教师学礼仪、知礼仪，在他正式踏入社会之前一定要能够掌握。否则，等到孩子步入社会再去花时间纠正这些藏在日常琐事、体现在细节中的坏习性往往为时已晚。因为举止只有长时间地练习，才可以自然地表达，就像是音乐家的手，经过长期的练习，不用想、不费力就能奏出美妙的曲子。如果一个成年人在交谈时总是想着纠正自己的一部分行为，而不是得到行为的支持协助，那么他的举止必然会显得僵硬、局促、不雅。

这是最需要教师亲自引导的，因为礼仪方面的错误通常是外人先注意到，但本人往往是最后才知晓的。世间邪恶莫不体现在对于这种错误的飞短流长上，但是孩子们往往难得听到这种非议。因此，他很难通过这些外人的评价获得益处，也不能通过别人的指责来真正改变自身的错误。的确，这种情况很难开口，甚至关系好的、希望你改正错误的朋友，也常常不便明说，他们不敢告诉自己喜欢的朋友，说他们在哪些问题上缺乏教养。其他方面的过失，人们倒可以客客气气地指出，也无伤大雅；唯独礼仪方面的错误，丝毫不能提及，即使暗示，也是难以启齿的。能告诉孩子的只能是那些有权监护他们的人；对于成年人而言，即使有权管理他们的人也不会轻易开口，不论语气怎样缓和，对于从小就已经养成习惯的人来说，终归会感到不高兴。因此，教师应该着重关注孩子的教养，应尽可能地在放手之前，让孩子养成举止优雅、行为礼貌的习惯。这样，他或许就不会在没有时间或者心理准备的时候受到任何改善教养的建议，也没有人会给他提建议。因此，教师应该首先有良好的教养。一个年轻的绅士，一旦从他的教师身上学到了这种品质，便具备了很大的优势，并且他会发现这一优势能够拓宽他未来的成长道路，帮他赢得更多的朋友，让他走得更远，这是他从文科教育或教师渊博的百科全书中所学到的晦涩的知识所不及的。并不是说这些知识可以被忽略，但不能把它们看得比教养更重要，而把教养排斥在外。

94. 此外，一名合格的教师还应该深谙处世之道。他要懂得辨别人的行径、秉性、诓骗行为和容易犯的错误，尤其是他本国的人。当他发现孩子已经具备一定能力的时候，他应该能够教孩子甄别这些问题；教会他们成年人的处世技巧和待人礼数；教会他们识破冠冕堂皇的借口、揭开虚伪的面纱，透过现象看本质，免得他们像其他涉世未深的年轻人一样，张冠李戴、以貌取人，毫无城府，对虚有其表的人加以迎合，乃至助纣为虐。教师应该教导他的学生去揣测他所要打交道的人的意图，并保持警觉，既不能太过怀疑，也不能太过放松警惕。但是由于年轻人容易非此即彼，家教应该及时纠正，使之回归正途。人们常从小事情上暴露出本来的面目和内心状况，所以有一些迹象最容易被别人拿去捉摸，尤其是当他们没有存心做作，没有提防的时候。他应该让学生透过这些迹象对别人做出正确的判断。他应该教学生了解人情世故，让他们客观地看待每一个人，既不美化也不丑化，既不抬高也不贬低。这样，通过可靠的、非感性的视角，他会渐渐地由一个孩子长大成人，这是生命历程中最危险的一个关头。因此应该格外当心，青年人应该特别小心地渡过这一关；不可按照寻常的做法，把孩子从教师的指导中一下子解放出来，扔到社会上撒手不管了，那么堕落的危险就会逼近。世界上最多的例子是青年人离开了严格的教育之后，就纵情享乐、放荡不堪了。我觉得这首要归咎于教养方式的不正确，尤其是关于人情世故的这部分。因为如果成长期忽略了对世界的正确认知，长大后走向社会，发现真实的世界与他所接受的教育完全不一样，原来的认知全是建立在想象之上的，就很容易被社会上遇到的另一种老师所劝服。他们会说，之前的管束、教训，全是教育上的一种形式，全是为了束缚儿童用的；说成人是有自由的，他们以前被禁止的事物，现在可以尽情地享受了。这种人把世界指示给涉世未深的青年，向他们展示世界的奇异多彩，带他们到处看时髦前卫的榜样，青年人到了这个时候，也就立刻头晕目眩、鬼迷心窍了。我的小少爷也和那些同龄的张狂之徒一样，想表明自己是个成年人了，于是将所有规则抛之脑后，去过最为放荡荒淫的生活；他在此之前是谦逊端庄的，现在却抛弃美德，以此表明自己潇洒的男子气概；他一开始行动时，便去反对教师交给他的一切有关德行的规则，还以为那就是勇气。

在孩子踏入社会之前教他认识世界真实的样子，我认为是最好的预防。孩子应该逐步了解社会上常见的恶习，警惕一些人的圈套，他们恶意接近、拉拢腐蚀（未成年人），并以此谋生。孩子们还应该了解这些人的伎俩和套路；并且，要时常把一些悲惨、荒唐的反面案例摆在孩子面前，让他们知道某些人是怎样毁灭或者走向毁灭的。这个年龄段的孩子上述反面例子并不少见，应该让他们牢牢记住，原本前途光明的年轻人是如何斯文扫地，被疾病、乞讨以及耻辱一步步带向毁灭的，他们可能会因此受到警醒，从而看清自己如果同样犯了这些错误会如何被鄙视、轻视，如何毁掉前程，并且，这些伪装的所谓友谊和尊重是如何一步步将他们引入歧途，再落井下石的。也应该让他们在付出高昂代价前看清那些鼓动以摆脱外界束缚为由，劝说他们不要听从长辈教诲、不要理性思考的人们，其真面目是想要自己控制住这些年轻人，从而让他们误以为为所欲为、纵情享乐就是长大成人，殊不知他们这是中了坏人的计谋，走入了歧途。不论任何情况下，家教应该努力向孩子传授这项甄别能力，通过各种方式让孩子理解并深深喜欢上这项能力。

我知道人们常说，若将当下的各种邪恶之事告诉一个青年，就等于将那些事情传授给他。我承认，就目前的效果来看，这句话很在理。因此需要一位谨慎的智者，既了解这个世界，又能根据孩子的脾气、喜好和弱点做出判断。还应该记住，当今时代是不可能（也许过去可以）让孩子完全不接触到任何负面影响的，除非你愿意一直把孩子关进笼子，永远不出来见人。他越是长时间受蒙蔽，当他来到广阔天地的时候就越是茫然，越是容易成为自己与别人的牺牲品。一个大小伙子，第一次踏入社会，必然会格外引人注意，乃至全程的鸟儿都在瞄准他，发出叽叽喳喳的声响，其中不乏猛禽，马上扇动翅膀，猛扑过去。

防御外界的唯一方法，就是全面地掌握关于这个世界的知识，对于年轻人而言，应该根据自身承受能力逐步地了解；越早开始越好，这样他就可以安全并熟练地掌握这些技能。对于世界的认知应该是逐渐打开的，一步一步走进，随着阶段、性格、意图和身边的人的不同，危险逐一暴露出来。他应该有心理准备，有时会受到惊吓，有时也会感受到温暖；应该提醒他，什么人会反对他，什么人会欺骗他，什么人会陷害他，什么人会为他效力。他应该受到教导，学会如何知人、识人，以及何时应当让他们看见，何时对于别人的目的、图谋要佯装不知。如果他太过激进，想要去试探自己的力量和技能，那么，让他偶尔经受一些挫折，遭遇一些麻烦，只要不伤害到他的身心也不有损名声，也不失为一种教他更加小心谨慎的好方法。

我承认，这其中蕴藏着很大的智慧，不是仅仅通过浅显的思考，或者拼命读书就可以获得的，而是一个人通过擦亮双眼去观察、去感知他所身处的世界，通过与各色各样的人对话而获得的。因此我认为最有价值的莫过于让年轻人逐渐接触不同的机会，这样，当他自己在某一个领域深入涉足时，就不会犹如身处茫茫大海，没有指南针、没有地图而不知该往哪走，而是提前知道了哪里有岩石和浅滩，暗流和流沙，对于如何掌舵有一些头绪，在他获得经验之前不至于沉船。那些认为经验不重要，不像语言和科学那样需要专人指导的家长们，竟忘记了自己是如何运用经验而不是书本上学到的希腊语、拉丁语，或者辩论的语气和修辞来判断人的好坏，以及妥善处理与这些人之间的关系的；也高估了脑子里装满了自然哲学和玄学的深奥思索的作用；不仅如此，还高估了措辞严谨的希腊、罗马作家的地位，尽管让绅士们成为一个好的逍遥派或笛卡尔哲学信徒再好不过了，因为这些古代作家精准地洞见和刻画了人性，给人以深刻的启迪。凡是去过东亚的人，会发现那儿有能力并且受欢迎的人不是上述的任何一类。但你去哪儿也找不到缺乏德行、缺少常识、不讲文明而功成名就的人。

欧洲的学校里一般时兴的学问，以及那些教育上的陈词滥调，对于一个绅士而言，多半是不需要的。不要它，对于他自己固然没有什么重大的损失，对于他的事业也没有妨碍。但是谨慎和教养是在生命当中不可或缺的。大多数年轻人因为缺少了这两个品质而遭受痛苦，从而没能熟练、自然地融入这个社会。虽然这些品质是最需要被教授的，也最需要教师从旁指导，但它们往往被忽略，被看作教师的次要任务或者压根不用去考虑的事。大家都嚷着要拉丁语和学问，最注重的只是使他精通那些多半不是一个绅士所应当精通的事情。而作为绅士，需要一个男人有业务知识，举止得体，成为栋梁，尽己所能为国家做贡献。一旦他有时间或者有意愿去学习某些领域的知识，那么，他在那门学问上以前已经掌握的一些基本知识，便足够为他今后的勤奋开创路径，他想要深入学习感兴趣的或者擅长的内容便可以尽力达到了。如果他觉得遇到困难时希望得到教师的帮助，以节省时间、减轻痛苦，那也可以请一位精通那门学问的人或者挑选一位他认为最合适的人选。但是就入门级的知识学习而言，只要年轻人想中规中矩地完成学业，学到老师的普通本领足够了。教师是知名学者与否并不是先决条件，是否完美掌握孩子想要学习的领域的知识也不是先决条件，如果孩子只是想快速便捷地了解一些基本面或者简要框架。之后，如果绅士想要更进一步深造，那只有日后凭借他自己的才能和努力。因为世界上具有高深学识、在任何科学方面享有盛誉的人，没有一个是在教师的管束下得来的。

教师的重要任务是教孩子举止得体、思想正派；教孩子养成良好的习惯，掌握美德和智慧的原则；逐渐让他们了解人性，让他们尊重并乐于向优秀的、值得称赞的榜样学习；当学生依此而行动时，给他力量和鼓励。他将孩子领入学习的领域，应该是对其能力的锻炼，对时间的有效利用，防止他无所事事、碌碌无为，教他去实际运用，让他习惯学习的痛苦，也让他尝到通过自己的努力取得成绩后的甜头。谁能指望一个教师一定能把年轻的绅士教成赫赫有名的批评家、辩论家、逻辑学家？或是深入钻研玄学、自然科学、数学的学者？又或者是历史、断代史专家？尽管这些相关的知识也应该被涉及，但仅仅是领上门、瞧一瞧，并不是要它登堂入室、安营扎寨。如果教师让孩子在那里停留太久，或是钻研太深，反而会受到责难。而对于好的教养、对世界的常识、美德、勤劳、珍惜名誉等方面，教孩子再多也不为过。因为如果孩子具备了这些素养，他在其他方面所需要的或所希望的东西便不至于那么急需了。

我们不能寄希望于孩子有能力、有时间学习所有事物，所以他应该把有限的精力花在最有必要的事物上；而步入社会后用得最多、最频繁的知识，尤其值得投入。

古罗马哲人塞内加抱怨了他所处的时代的一些相反做法。但是他那个时代，并不像现在的情形，伯格斯蒂修斯和斯切伯勒的作品到处都是。如果他活在今天，看到教师把那些作家的作品填鸭式教给孩子，并把这当作一项伟大的事业，会怎么想呢？想必他更有理由去说——学习不是为了生活，而是为了学校。我们学习不是为了生活，而是为了辩论；现如今我们的教育却是让人面向大学而不是面向生活。因此教师随大流而不是根据孩子的兴趣来教课就不足为奇了。一旦流行风尚确立，呈压倒态势，谁会怀疑这件事情，以及其他的流行事物的合理性？最大的问题在于，当那些习惯跟随流行趋势的人们，遇见与潮流相违背的人时，大声把这个"异类"指出来，这又有什么稀奇呢？话虽如此，如果一个有身份有常识的人愿意委屈自己被传统和盲目的信仰牵着鼻子走，还是着实令人吃惊的。如果理性看待，就会知道孩子的时间应该花在今后学习有用的事情上，而不是脑子塞满大量的废物，因为这其中大部分今后很少用得上（也不需要），并且在有生之年也不会再研究这些问题。而这些无用的知识却要牢牢地跟着他们，只会让情况更糟糕。众所周知，我一直向那些花大力气让孩子学习这些无用知识的家长们呼吁，当孩子走入社会的时候，手里掌握的却是那些华而不实的东西，难道不觉得荒唐吗？

难道不会当众有损他们的尊严吗？如果人们能把最能展现生活中的必备能力和良好教养的知识纳入教育当中，一定会是一件令人敬佩而且值得的事情。

还有一个理由可以解释为什么良好的礼仪和关于人情世故的知识应该成为家教首要重视的教育内容。简单来说，一个有才能并且上了年纪的人可能会遇到一位学科知识十分丰富的年轻人，虽然这些知识他从未深入了解过，读读书补补课，他就能去指导一个年轻人，但是如果他自身缺乏教养和礼仪，他是绝不可能将学生引上正途的。

这种知识是他应具备的，通过练习和交谈的方式而烂熟于心，通过长时间地学习和模仿身边优秀的榜样，逐渐养成良好的自我修养。如果教师自身缺乏修养，那么他的学生也就难以从他身上学到相关的素养。即便他能够从书中找到如何成为英国绅士的相关论文，如果他自己没有起到榜样的示范作用，缺乏教养，他说教得再多，孩子也不会信服。因为一个不修边幅、缺乏教养的老师是不可能培养出一位举止得体的学生的。

我这么说，并非是认为这种理想的教师随处可见，能用一般薪资请到，而是认为，对于这样有能力的人，应该不惜一切花费与代价请到。至于其他经济条件一般，负担不起高薪酬的家长们，或许至少可以记住，他们寻找家教时一定要擦亮眼睛，选一位对教育有热忱的人。当他监督孩子、管教孩子的时候，首先也应该能够常常自我检视，而不能盲目地认定拉丁语、法语和那些枯燥的逻辑、哲学体系就是一切。

善于管教

95. 回到管教方法上来。尽管我谈到了父亲严厉的拳头教育，以及孩子小时候的威慑教育，是管教的主要方法，然而我绝对不会认为要像管教小学生一样，一直对子女采取这样的教育策略。相反，我会认为只要孩子的年龄允许，具备一定的判断力，有良好的教养，大可以放松管教；甚至，随着孩子长大、有能力时，父亲可以平等地与其交谈；不仅如此，还可以在他所熟知的领域，征求他的建议。通过这种方式，父亲可以得到两个重要的好处。一方面，可以启发孩子思考一些严肃的问题，这比任何立规矩或者给建议要好。你越是早点把他当作成年人，孩子就越早成熟懂事。如果你偶尔让他参与严肃的话题讨论，孩子会在潜移默化中提升思想，他对于娱乐的要求就会高于普通的同龄人，从而不会把时间浪费在琐碎的事情上。不难观察到，许多年轻人的思维方式和谈话方式会延续读书时的习惯，因为他们的父母总是不让孩子深度参与，导致孩子接触的话题很低阶，言谈举止也小里小气。

96. 通过这种教养方式，你带给他的另外一方面的好处将会是良好的亲子关系。很多父亲，尽管他们会根据孩子的年龄和综合表现给予其相应的自由，然而关于自己财产的处置和当前关心的事物却对孩子避而不谈，像对间谍或敌人保守国家秘密那样。如果想要放下戒备，需要父亲对孩子表现出一些关怀和亲密。这种态度即使不像一种嫉妒心理，但也不是父亲对儿子应有的那种和蔼与亲密，它无疑会使儿子在与父亲交谈或寻求帮助时，缺少应有的愉快与满意。我不由得想知道那些明明十分疼爱孩子却又常常摆出一副古板而拒人于千里之外的样子的父亲们，他们是不是从来没有享受过天伦之乐，也没有从他们深爱的孩子身上得到任何慰藉，并且一直到孩子们长大离开家，才意识到这一点。没有什么能比与孩子大大方方地交流关切和事业的发展更能增进亲子关系的了。若缺乏交流，任何示好都会遭到怀疑。而当你的孩子看到你向他敞开心扉，当他发现你有意让他参与到你的事业、你愿意把手头的事情交给他时，他就会把这些问题当作自己的事情来考虑，耐心等待机遇，同时也深爱着你这位没有把他当作外人来防着的父亲。这也会让他知道，你所享受的乐趣与对他的关心不相违背。他越是理解这一点，就越不会觊觎你的财产，反而会为自己被这样一位和蔼可亲的父亲兼朋友管着感到高兴。正常的年轻人都会想要，并且都会为自己拥有一位信任、快乐时可以分享，困难时可以分担的好朋友而感到高兴。父亲端起架子装高冷，会让孩子失去庇护，而适时的庇护比指责、斥骂孩子一百遍更有用。试想，如果你的孩子一定会淘气、会越矩，那么在你的眼皮子底下做，难道不比背着你做要好吗？因为既然要允许年轻人有一定的自由，那么你越是知道他的诡计和心思，你越是能够防止他酿成大错；让他跟着你有样学样，走正道，就可以少走许多弯路。你想不想让孩子对你敞开心扉，事事征求你的意见呢？那就先对他这么做，用行动换真心。

97. 但是不论他向你咨询什么，你都要确保仅仅以一个朋友的身份来分享过来人的经验。你的建议当中不能带任何命令或居高临下的口吻，要像对待你的朋辈或陌生人一样，除非这些问题会带来致命的或者无法挽回的后果，否则孩子再也不敢征求你的意见，也不再听从你的建议。你既要把他当作小大人，让他知道他的快乐和幻想，你也曾有过，又不能想当然地认为他应该与你的喜好一样，要知道20岁的人是不可能和50岁的人有一样的想法的。既然年轻人应该要有一些自由，有一些小叛逆，这是男孩子与生俱来的天性，你所能期待的是，在父亲的眼皮子底下，便做不出什么大逆不道的事。就像我之前说的，要想让孩子亲近你，（在他具备一定能力的时候）就要多和他谈心，以他能听懂的方式聊你的事业、困惑，询问他的建议。一旦他说得有道理，就照做；如果做成了，表扬他。这不仅一点不会削弱你的权威，反而会增加孩子对你的爱和尊重。只要大权还在你手里，你永远说了算；你越是自信、友好，你的权威就树立得越牢固。因为只有当孩子更害怕得罪你这么个好朋友，而不仅是怕失去将来的一部分希望时，你才具有支配你儿子的力量。

98. 如果亲切的交谈，适用于父亲对待孩子，它就同样适合教师用来对待学生。因此，师生相处的时候，教师不应该把所有的时间都放在空洞的说教上，满腹威严地叫孩子察言观色、见机行事。听听他的反馈，让他说出想法和理由，这会让他更容易也更深刻地了解各种规则，让他对所要学习和被指导的事物感兴趣。当他的想法得到认可和采用，他就会发现参与谈话是很快乐、能令他得到信任的一件事情。特别是谈到道德、严谨、教养等方面的话题时，多问问他的判断和意见。这比用多好的语言来解释座右铭更能拓宽孩子的理解力，更能让他牢记于心、外化于行，也能让孩子把道理及其背后的逻辑一起牢记。而那些仅靠语言来说明的道理，远不如躬行反思后来得深刻，前者顶多只能留浅显的印象，很快便会淡忘。通过为自己提出的建议求证，通过用恰当的举例来说服老师，比起一味当听众、安安静静、无所事事、昏昏欲睡，更能理解尊严和争议的基础和准则，对自己应有的担当记忆更鲜活、更持久；更比遇到问题吹毛求疵地查找逻辑漏洞、自说自话要强。仅仅听别人说而自己没有思考，智慧和认知就会失真；断章取义、自说自话则会导致谬误、争议，给人固执己见的印象。两者都会有损正确的判断，让人无法正确、公正地思考。因此，如果孩子想自我提升并被大家认可，应该注意避免出现上述情况。

99. 当你的孩子意识到他需要你，并且受到你的庇护，你就真正地建立了权威；当孩子屡教不改，特别是撒谎时，你严肃而不带一丝笑意的表情，会深深地印在他的脑海里，让他在犯错的时候有个怕头。另外一方面，你允许孩子享有这个年龄该有的自由，不限制他天真幼稚的行为和欢快的情绪，因为孩子小的时候，这些对他来说跟吃肉和睡觉一样重要，使他在你的面前不感到拘束，让他渐渐明白你对他的爱和关心。通过给予无条件的爱和无限的温柔，特别是当孩子取得成绩的时候给予关注，在他成长的每一个阶段都给予善待，这是父母的天职，不用我教。我想说，当父母对孩子表达温柔和喜爱时，是永远不求回报的，孩子也会对父母格外依恋。逐渐地，便会达到你想要的状态，孩子打心底里敬重你，当前、今后都会如此，此外他对你也会一直又敬又爱，就像你常常教给他的那些伟大的原则一样，他会一心向善，爱惜名誉。

100. 一旦基础打好，你会发现这种敬畏之情对他很受用，那么下一件事情就是要仔细观察他的脾气，以及他独有的思维方式。不论他是哪种脾气，（如前所说）从一开始就不能允许孩子屡教不改、满口胡言、胡作非为。绝对不能容忍邪恶的种子生根发芽，一定从初见端倪时就仔细清除；你必须在他刚开始获取知识时就建立你的权威，并用你的威信去影响他的心理，使之成为一个自然法则，他不知道这种权威的起源、真相，也不知道它原来可以是另外一种模样。这样一来，他对你的敬仰之情能够及早建立起来。在他心目中，这种敬仰是神圣的，会像自己的天性一样难以抗拒。

101. 尽早地建立起父亲的威信，在孩子有不良倾向的时候适度地把威信摆出来，一旦你发现孩子有不好的苗头（对此我绝不赞成大声斥责，更不赞成用拳头解决问题，除非孩子到了屡教屡犯、积习难改的地步），应该分析这背后是什么原因。有些是与生俱来的，有人生性刚烈，有人生性胆小，有人自信，有人谦虚，有些人天生主意多，有些人生来固执，有的好奇心强，有的粗心大意，有的性子急，有的性子慢。如同人有千面、体态各异，人的性格和思维也是各有各的不同。也正是因为存在差异，千种面容、千种体态背后的不同性格才能随着时间的推移和年龄的增长而逐渐清晰可见；孩子想些什么从脸上最能看出来，他们还没有学会用耍心机来掩饰过错，也不会把邪恶的念头掩藏在面具之下。

102. 因此，尽早去观察你孩子的脾气；要择机，在他觉得最放松的时候，比如玩耍时，让他觉得不在你的视线范围内。看看他最主要的兴趣和最大的喜好在哪里；看他是暴力的还是温和的，是英勇还是害羞，富有同情心还是残忍，外向还是内敛，等等。因为这些不同，决定了你要采取不同的教育方式，决定了你要通过不同的策略在他面前建立威信。孩子们与生俱来的性格和身体条件,不是通过规矩或者针锋相对就能教育好的,尤其是那些天生自卑、气量小的孩子,(批评一两句)动不动就害怕、情绪低迷,虽然通过一些技巧可以弥补缺陷,起到好的效果。不过有一点可以肯定,一旦风头过去,孩子又回归本性。如果你注意从他人生的第一个场景开始观察他的性格,从此以后你就能够判断出他在想什么,随后会有哪些目标,随着长大,他的想法越来越复杂,会运用各种手段去实现既定目标。

四 因材施教

儿童的控制欲及其对策

103. 我先前告诉过你,孩子喜欢自由。因此,应该给他们适合的事物,让他们感觉不到任何束缚。我现在告诉你,他们还喜欢别的,即控制。控制欲是与生俱来最邪恶的习性,普通且自然。孩子对于权利和控制的热爱很早就开始了,主要体现在两件事情上。

104. 一方面,差不多孩子们一出生(我敢肯定在他们会说话以前),我们就看到他们会哭闹、发脾气、情绪低落、不高兴等,无非是为了表达意愿。他们在得到他人的服从时才会感到满意;一旦甄别出哪些人好拿捏,尤其是对于年龄或身份与其相近或比他们低下的人,控制欲会显现。

105. 另一方面体现在他们对物品的占有欲。他们爱把东西占为己有,他们觉得自己可以由此得到权力,同时又有随意处分物品的权力。这两种性情孩子很早就有,很少注意孩子的行为的人会忽视。这两者是扰乱人类生活的所有不公平和纷争的根源，凡是不想尽早把它们清除，而听之任之的人，便是忽略了为将来孩子成为善良、可敬的人打下基础的最佳时机。我认为，应该从以下方面进行引导。

106. 首先，我已经说过，孩子恳求的事物，坚决不可以让他得到，他们哭着闹着要求的东西，更不可给予，甚至他曾提到的物品也是一样。但容易被误解为，我主张孩子不应该张口跟父母提任何要求，导致大家认为这么做太过于限制孩子的想法，造成了亲子关系的紧张和偏激。我简单解释一下。毋庸置疑，孩子应该有向父母表达自己想要什么的自由，父母应该尽量温柔地考虑和回应孩子的需求，至少在孩子很小的时候应该这么做。但是孩子说"我饿了"是一回事，说"我想吃烤肉"又是另外一回事了。孩子表达生理上的需求，比如感觉到饥饿、口渴、寒冷等，父母应该尽职尽责去满足以缓解其痛苦。但是孩子应该把选择和安排权给父母，由父母来决定哪些适合他们，给多少合适。绝对不能让孩子自己去选，比如说"我想喝酒""想吃白面包"，对于指定要求的，一概不予理会。

107. 在此，父母应该注意区分孩子提出的是无理要求还是出于生理的需要。正如罗马诗人贺拉斯在诗句中所说：求而不得就会使人感到痛苦。

生理上的需要，不用多加解释，无法阻挡，也无可避免。疾病、伤痛、饥饿、干渴、寒冷、困乏带来的痛苦，以及繁重体力劳动后迫切想要得到休息的心情，都是人们正常的生理反应，最坚强的意志也无法克服。因此，应该适当地排解，不宜操之过急，只要不会造成不可挽回的伤害，都可以一步一步慢慢来。身体上的需求带来的痛苦是预兆，可以提醒我们免于酿成大错。因此，一定不能完全忽略它们，也不能压抑得太久。话虽如此，孩子若是能够克服生理上的延迟满足带来的痛苦以磨炼心志，当然是通过谨慎尝试，对于他们来说会更有好处。此处，我无须警告他们务必小心，把这种锻炼局限于使儿童获得益处的范围内，使儿童忍受痛苦的时候不可伤害他们的身心，因为家长们向来对待子女只会过分和蔼、宽松，乃至达不到应有的严格程度。

但是，孩子自然的需要应给予何种程度的满足，都不能与满足其非分之想混为一谈，甚至不可让他们提及。他们只要提到这种需要，他们便该失去这种事物。如果孩子需要衣物，给他；但是如果他挑材质、颜色，他们就绝对不可得到。我并不是说让家长有意用冷漠的态度去浇灭孩子的渴望；相反，当孩子举止礼仪配得上他所提的要求，并且满足这个要求也不会腐蚀他的思想、缩小他的眼界时，我认为应该尽力去帮他实现，让他感受到表现优秀的快乐和轻松。对孩子来说最好的是不以物质为快乐，不以达成非分之想为满足，而是淡泊名利与物质，追求本心。这应该是父母和老师的头等目标。在达成以前，我所反对的仅仅是没有节制地随意提要求，这些痴心妄想都应该被彻底拒绝，切断念想。

这么做对于那些天性仁慈、溺爱孩子的父母来说有点残忍，其实，这并没有超过必要的限度。因为我主张废除棍棒教育，我们在其他地方也谈论过口头教育足以建立权威，让孩子对父母心存该有的尊重和敬畏。再者，这样会教孩子们克制，从而做情绪的主人。通过这种方式，一旦欲望在心中升腾，他们会在最容易压制住的时刻，压制住苗头。至于发泄怒火，能为我们的欲望带来生机和活力；那些有信心将愿望变为需求的人，常常走着走着会偏离原先的目标。我相信，比起被别人否定，任何人都更能接受自我否定。因此他们应该学会提前问意见，学会讲道理，以便得到准许。这是控制欲望的重要一步，学会克制，让其静静地熄灭。孩子们在学会说话以前养成习惯，能够控制住痴心妄想，能够察言观色、判断什么事情能不能做，待到他们处理更重要的事情时，会带来不止一点点好处，可以受用终身。为此我有一件事情必须强调，就是孩子所喜欢的每一件事情，不管性质如何、是大是小，我们最应该（或者几乎是唯一）需要考虑的就是它将会给孩子的心理带来怎样的影响；要考虑它会让孩子形成什么样的习惯；当他长大以后，它会发展成什么样；如果受到鼓励，在孩子成年以后，它会把他引导到哪里去。

由此可见，我先前的意图并不是有意让孩子不自在，否则就太没有人性、太邪恶了，也会容易对孩子造成不良影响。应该促使孩子克制自己的欲望；引导他们的身心发展，通过增强自制力、刻苦训练，从而锻造有活力、好相处、坚强的意志品质。但是所有这一切，都不能有任何恶意，也不能让孩子产生任何曲解。如愿以偿带来的满足感，是一种美德，在适当的时候会给他们带来恰当的好处。这些好事发生在他们身上就像是好的行为自然而然产生的后果，而不是讨价还价得来的。如果孩子从你这里得不到的，从别人那里得到了，你的努力就白费了。更糟糕的是，你还会失去他们的爱和尊敬。因此，教养方式必须有一根准绳，要小心监督。特别要当心仆人坏事儿。

108. 如果早早采取相对严厉的管教，孩子很早就能适应与欲望和解，这个好习惯将对他们有利；随着孩子年龄的增长，判断力的提升，可以给予他们更多的自由，因为他们能够讲道理而不是意气用事。不论他们给出什么原因，都应该认真考虑。但是由于孩子在谈论某些话题时，除非是第一个让他们谈，否则他们的意见很难被听到，因此应该让他们多说，当他们追问自己知道的任何事情时，想要出主意时，家长要公正、宽容地倾听他们的回答。如同其他的嗜好应该被小心压制，孩子的好奇心也应该被小心翼翼地珍视。

虽然一切嗜好的欲望都得严格禁止，但凡事总有例外，偶尔也应该被允许、被倾听。放松与劳动、食物一样必须。由于放松消遣与欢乐并存，不总是建立在逻辑之上，常常就是奇思妙想，必须允许孩子们不仅获得娱乐，也能按照自己的想法做事，只要意图是纯洁的，对身体也没有伤害。因此，如果孩子提议以某种方式消遣，不应该拒绝他。尽管依我看，在好的教育里面，儿童是很少用得着要由自己去要求这种自由的。我们应该注意，凡是有益于儿童的事情，都应该让他们快快乐乐地去做；在他们感到厌烦以前，应该及时转移注意力，让他们关注到其他有意义的事情上。如果他们对于某些事情的擅长程度还达不到完美,有个提升的法子就是暂时放松一下,必须让孩子放松下来,玩一玩小孩子的游戏。因为任何事情做过头,都会让人想放弃。但是对于他们所做的有用的事情,应该永远吊着一些胃口,至少要在他们感到疲倦、感到厌烦之前歇一歇,这样,当他们再回到这件事情上又会高高兴兴了。永远别指望他们自己能把握分寸,除非他们能从值得赞赏的事情上找到快乐。脑力思考和体育锻炼这两项有益的训练,交替进行,使得他们的生活质量和学业提升,张弛有度,愉快进行,使身心能够得到放松和恢复。这种做法是否适用于每一种性格,家教和家长是否愿意付出代价,是否愿意审慎、耐心地把孩子引到这个方向上来,我不确定。但是如果正确地燃起孩子们对于信誉、尊严和名誉的渴望,大多数孩子都能做到,我毫不怀疑。一旦孩子对这些品质真正地投入了,他们会很自然地跟别人谈论这些他们最喜欢的事情,也能很自如地收放;他们可能也会感受到自己被爱着、被珍惜着,会理解他们所接受的教育,并不是扼杀快乐的刽子手。这样的管教方式会让他们喜欢上那些引导他们的人,以及被教授的美德。

让他们自由玩耍还有一层好处,就是可以了解他们真正的性情,发现他们的喜好和天赋,从而引导明智的父母为孩子选择适合他们的生活和事业,同时,如果发现孩子本性中有任何错误的倾向,也就可以想出适当的方法去补救。

109. 其次,孩子们在一起总爱争个高低,比谁的意志高于其他人。凡是发起这种竞争的人,一定要受到制裁。不仅如此,还应该教会他们尽可能地对彼此尊重、关爱和有礼貌。如果他们意识到这样可以带给他们尊重、爱和尊严,自己的地位又不会受到任何损失,他们会更加喜欢这种美德,而不是专横跋扈、粗鲁地对待别人了;其中的道理再明显不过了。

孩子之间相互告状,通常是生气和报复,想要求得大人的袒护,家长不要积极处理,也不用太过理会。抱怨会让孩子的思考能力减弱,变得婆婆妈妈；如果他能够常常忍受别人的坏脾气，能吞下委屈，并且认为这是稀松平常、可以忍受的事情，不仅没有坏处，反而会让他们早早地变得坚强。但是尽管家长不认可孩子爱打小报告的行为，也要当心别助长肇事一方的傲慢和坏心眼。当你发现孩子故意惹事，要在别人告状之前给予批评。如果那些抱怨的确值得引起你的注意，值得干预，以免下次再发生，那么应该避开那个告状的孩子，私下里批评被告发的孩子，再让他去赔礼道歉。因为，如果孩子意识到自己的错误，道歉会更加真心，也更容易得到谅解，朋友之间的感情将更加紧密，孩子也能逐渐学会用文明的方式解决冲突。

110. 第三，关于已经得到和拥有的事物，教孩子放下，乐于和朋友分享，让他们通过亲身经历感受到分享可以获得更多；你要让他从经验中懂得，最大度的人总是最富裕的人，而且还能得到大家的敬重与赞誉，这样一来，他们很快就会学着去实践了。我想，这会让兄弟姐妹之间更加宽容、文明礼貌，其结果还可以惠及更多人，比好习惯养成20条此类让孩子疑惑不解的定律更加有效。过度的贪心、占有欲和控制欲，是一切罪恶的根源，应该尽早、彻底清除；相反，乐于分享的品质应该早点种在孩子心中。孩子的慷慨大方应该受到赞许和青睐，并且要时常关心一下孩子的慷慨有没有给他带来损失。让他所有的分享行为都能够得到好的回应；让他了解，对别人表现的善意并不会让自己的利益受损，反而，被施以善意的人和看到他行善的人也会以同样的方式回报他。让孩子比着分享、比着做好事，看看谁做得更好。通过这种方式，不断练习，孩子们会发现分享很容易，并且从骨子里养成习惯，他们乐于这么做，争先恐后地比谁更善良、更慷慨、更文明。

在鼓励孩子慷慨大方的同时应该当心，避免其触犯了公平原则。无论何时有了这种举动都应该纠正，到了必要的时候应该严厉地斥责。

我们最初的动作是受自爱驱动，而较少受理智与反省的驱动。所以，孩子做事情常常容易偏离是非的正当标准，原是不足为奇的，因为心理上的这种标准本是高阶理性和严肃思考的结果。他们越是容易弄错这种标准,家长越是应该要多加看管;他们对于这种重大的社会德行,哪怕有任何小的瑕疵,都要加以注意、予以纠正才行。就是最细小、最无关紧要的事情上也是一样,既要提醒教育,也要预防坏习惯。因为事情的刚开始,可能只是一些小事,如果放任不管,孩子就可能酿成大恶,最后可能沦为肆无忌惮、冥顽不灵的骗子。当孩子第一次出现不公正的倾向时,家长和老师应该立即制止,并表现出难以置信和反感,用这种态度去克服孩子的不良倾向。不过在孩子没有明白财产的意义,不知道某些人的产业怎样得来之前,他们是不能充分理解什么是不公道的,所以,使他们诚实无欺的最安全的方法,就是及早将诚实品性建立在慷慨大方并且轻松地将自己所拥有的或喜爱的东西给予别人这一行为基础上。应该尽早教会这一点,在他们有足够的语言和理解能力来界定财产,不知道某些东西自己有主权而别人没有之前,就去教导。因为孩子得到物品的唯一方式是别人赠予,而且大部分是父母给的,所以首先应该教他们自己不要动手拿任何东西,或是收藏东西。随着他们能力的增长,才能把别的关于公道的规则和事例以及关于物品归属的权利告诉他们。如果不是因为失误而造成有失公平,而是他们有意而为,当温柔的训斥不能够纠正这种越规和贪婪的倾向时,就必须采取更严厉的方法去矫治。这种方法只需要父亲和教师把孩子所珍视、认为已归己有的东西拿走、收起来,或者吩咐别人去做也可以。这就可以使他们明白,他们如果想违反公道,把别人的东西据为己有,他们是得不到任何好处的,因为世界上总会有比他们更强势的人。不过,如果你能及早小心地使孩子对于这种可羞的邪恶感到深恶痛绝(我想这是可以做到的),那才是消除这种罪恶的真正方法,比任何利益上的考量更能对抗不诚实的缺点。习惯运作起来更能驾轻就熟,比理智更加可持续、更得心应手。理智在我们最需要的时候,我们很少心平气和地采纳,也更少照做。

111. 哭闹是不对的,不该纵容孩子这样。不仅因为哭闹会带来满屋子令人不悦的吵闹和噪声,此外,对于孩子自身而言,还有一些更值得考虑的理由。而为儿童着想,就是我们的教育目标。

孩子的哭闹可以分为两种:一是出于固执和控制欲,一是出于牢骚和抱怨。

一方面,他们的哭闹常常是为了争夺控制权,是公开表达蛮横和固执;当他们没有能力去实现自己的欲望时,就会通过哭闹来表达主张和权利。这是公开宣告他们要求的一种继续,是因为他们有了心爱之物,而别人却拒绝提供,他们针对压迫及不公道的待遇所表达的一种抗议。

112. 另一方面,他们哭闹有时的确是因为疼痛或真正的悲伤,于是难过地哭泣。

如果对这两种哭泣仔细观察,是很容易通过孩子的态度、神情、动作,尤其是哭闹的声音辨别出的。但是无论哪种哭泣,都不应该被纵容,更不应该受到鼓励。

第一,没完没了的哭闹或者高声哭闹是绝对不能允许的,因为认可这种哭闹就等于是变相迎合他们的欲望,助长那些本应该帮他们去克服的情感。如果按照眼下的情形,儿童不管受到什么责罚,都允许他们哭,就会将责罚的效果全部抵消。因为对孩子的任何惩罚,如果遭到他们公然反抗,只会让他们更加嚣张。如果孩子受到的约束和惩罚不能压制住他们的意志,不能教导他们去克服自己的情感,使他们的心理变得柔和、顺从,接受父母根据理智给予的指导,使他们将来也能够服从于自己的理智,那么,那些约束与惩罚便是不恰当的、无效的。如果孩子遇到挫折就可以用哭哭啼啼替自己开脱,他们对于自己的欲望就会更加坚持,从而助长他们的坏脾气,致使他们公开主张自己的权利,并且只要有机会就通过这种方式满足自己的欲望。因此,这是我反对常常使用棍棒教育的又一个理由,因为一旦到了需要动手的极端情况,光动手是不够的,应该等到你发现已经制服了他们的心理,他们已经用顺从、忍耐的姿态对惩罚表示屈服以后才可以停止。这些你可以从他们的哭闹，以及他们听从你的命令立刻停止哭泣上看得出。如果做不到以上几点，体罚不过是对孩子激情冲动的专制而已，除了让孩子感受到皮肉之苦的残酷，起不到任何教育作用，对他们的思想起不到任何纠正。这就给了我们一个理由，为什么孩子应该少受责罚，同时也可以阻止孩子，使他们不致常常受到责罚。因为，假如我们责罚孩子的时候，不是感情用事，而是严肃地、高效地进行，打的时候不是一怒之下发泄一通，而是慢慢地打，在打的同时一边说理，以观后效，一旦孩子服软、知错了就立刻收手，孩子知道错误之后，就会当心不愿再犯错、避免重蹈覆辙，以后就很少用得到同样的惩罚了。此外，通过这种方式，责罚固然不致用得太少而效果甚微，同时，我们一旦看到孩子知错了、改善了就立刻停止，体罚也就不至于过度。因为可能的情况下，体罚的次数应当越少越好，而人在气头上容易过火，很难掌握分寸，常常是打过了头，但实际效果又不够。

113. 第二，很多孩子都很爱哭，哪怕只吃了一点苦头，任何一点伤害都会让他们抱怨不停，号啕大哭。不这样做的儿童是很少的。因为孩子在学会说话之前，啼哭是他们表示痛苦或是想要表达需求的第一自然反应，可是大家由于同情他们年幼而愚蠢地鼓励他们去哭泣，使之在会说话之后还一直延续这个习惯。我承认在孩子受到任何委屈时，去关注和关心，是大人的职责，但是千万不要展示出怜悯。尽力去帮助和安慰他们，但不要为他们感到难过。否则会让孩子意志变得软弱，导致遇到一点点挫折就屈服了；此外，会让孩子更加沉溺于悲伤，遭受更大伤害。应该让孩子从逆境中学会更加坚强，特别是身体上，不柔弱屈服，而是从耻辱中脱胎，让荣誉感油然而生。生活中有许多小坎坷，容不得我们一一为之伤神。只要意志不弯折，区区小事，就没有过不去的坎。精神上的压力往往带来持续的痛苦。而意志坚强，不把困难当回事儿，是我们面对生活的苦难和意外最好的铠甲。通过训练和习惯养成后的脾气和性格，应该要早些开始，比什么都重要，越早学会越早受益。

没有什么比啼哭更容易使得孩子精神脆弱了，应该预防或者戒掉。所以，从另一方面看，防止孩子精神脆弱的方法莫过于阻止他们哭泣。平时小磕小碰受点伤，不应该对他们表示怜悯，而是要他们将原来的动作照样再做一遍，这样不仅能够让孩子停止哭泣，还能够更好地提醒他们小心谨慎，避免今后再摔倒，比斥责或者怜悯的效果都好。让他们承受该承受的痛苦，自己停止哭泣，从而能更快地安静和缓和下来，未来更加坚强。

114. 第一种哭需要严厉制止；如果表情暗示和正面指令都不起作用，必须要用拳头。因为这种啼哭源于自负、固执，无论是为了满足食欲还是意愿，哪里出错，哪里就应该得到纠正，用足够的严厉来压制住他。第二种哭是由于意志的软弱，与前者刚好相反，应该稍加温柔地对待。劝说，或者转移注意力，或者善意地开开玩笑，可能会是第一时间最妥当的处理方法。此外，也应该考虑到具体的事情和孩子的脾气。没有什么统一的定律，只能依靠父母和教师的谨慎细心。但是，我认为也可以概括地说一句，就是这种啼哭也应每次遭受冷眼。父亲通过自身的威严，根据孩子的不同年龄或者脾气的固执程度，通过更加严厉的表情或简短有力的话语，去阻止啼哭的发生。但是要把握火候，要以能够制止孩子的哭闹，彻底解决混乱局面为度。

儿童的胆量及提升对策

115. 懦弱和勇敢与以上所说的气质是息息相关的，在这里强调一下也许不为过。恐惧是一种力量，恰当地掌控，有其一定的好处。我们出于自爱，虽然知道保持警惕、知道恐怖，但有时会过于勇敢；有勇无谋的鲁夫往往没有什么理性可言，在遇到挫折的时候与胆小怕事的人没有本质上的区别。恐惧会让人产生应激反应，以抵御即将来临的灾难；同时也因此会让人无暇思考眼前的困难，从而丧失对危险的正确判断，导致不论有多大危害，只管不计后果地往前冲，根本不考虑后续会带来什么影响，这仅仅是鲁莽的冲动行为，不是理性生物该有的决策。谁家有这样的孩子，什么也别做，先去教他们自爱，迅速唤醒其理性思考，除非其他的情感占了上风（这常常会发生），使他们一往无前，无所畏惧、无所顾虑。人类天生是不喜欢灾祸的，我想对灾祸不恐惧的人一定没有。恐惧不是别的，无非就是担心某件我们不喜欢的事情发生在自己身上的一种不安的心情而已。因此，倘若有人甘愿冒危险，我们就可以说，他是因为无知或者被更强大的情感支配的缘故。世界上没有谁甘愿与自己为敌，故意选择承受灾难，为了冒险而冒险。因此如果骄傲、自负或怒气等情绪压制了孩子的恐惧，或者让孩子听不进建议，应该通过适当的方法缓和其情绪，让孩子多考虑自己，想想值不值得冒险。但是，孩子往往不太会犯这样的错，我就不在这里多做讨论了。相反，孩子们更常出现精神上的软弱，因此我会多着笔墨谈一谈。

　　刚毅果敢是其他所有美德的保障和支持；没有勇气的人很少能够坚持履行自己的职责，成为一个值得尊敬的人。

　　勇气，让我们直面苦难和邪恶，当我们暴露在危险之中的时候，能起到很大的作用，所以我们应该尽早教会孩子用勇气武装自己。我承认天生的脾气性格占了很大因素，尽管某些孩子天性有缺点，天生胆小、懦弱，但是通过合理的控制，也可以通过正确调教变得更加果断。我已经注意到，人们怎样在孩子年幼时不因他们受到外界灌输的对恐惧的困扰，以及受到一点轻微的伤害就去哀怜他们，以此来锻炼孩子的胆量。现在需要进一步考虑的是，倘若我们发现孩子依然被恐惧支配，我们该怎样磨炼其毅力、提升其勇气。

　　我认为真正的刚毅，是人镇定自若，排除千难万险去完成自己的职责的能力。能够达到这一境界的成人原本就很少，更不用说孩子了。但是，有些事情我们可以做到,如果指导得当,逐步进行,他们可以走得比人们所预期的更远。

孩子小的时候,大人没有注重培养,或许就是他们长大以后不具备这种品质的原因。我想,也许不应该说,一个民族,就像我们英国人一样,天生是如此勇敢,以至坚强刚毅仅仅指战场上的勇气、面对敌人视死如归的态度。我承认,上述所说的品质是很重要的一部分,我们不能否认那些为国英勇献身的人们,他们应该得到荣誉和敬仰,但这不是全部。不只是战场上的战斗会给我们带来危险;尽管死亡是终极威胁,然而痛苦、耻辱和贫困也有狰狞的面孔,能够使大多数人陷入混乱不安。有人能够抵御其中一些威胁,却对另外一些苦难打心底里害怕。真正的坚强是敢于面对各种困难,不论艰险,毫不动摇。毫不动摇并非没有一丝恐惧。当困难出现,人的正常反应会是畏惧;哪里有危险,哪里就有害怕。恐惧能让我们警醒,唤醒我们的注意力、勤奋和精力,而不是扰乱我们冷静思考的能力和执行力。

想获得这项高贵和男子气概的坚定品质,第一步就得照我先前提到的,在孩子小的时候,极力使他避免一切恐吓。不对他们讲任何可怕的故事,也不要让他们看到任何可怕的事情。否则,孩子会出现心理阴影,再也无法恢复;并且,在他们今后的生活中,一旦听到或看到任何可怕的事情,都会六神无主、惊慌失措,身体就会瘫软,精神就会紊乱,无法再采取任何冷静和理智的行动。不论是第一印象太过强烈以致形成了一种本能反应,还是不明原因的器质改变,无法弥补是肯定的,没有任何办法。那些从小被恐惧支配、一辈子胆小懦弱的人,随处可见,因此应该想办法预防。

第二步是逐渐让孩子适应他所害怕的事物。但是这里一定要当心不要太仓促,也别太早采取行动,以免弥补不成反而让问题更加复杂。尚在怀中的小婴儿可轻易将害怕的事情抛之脑后,直到他们长大一些会说话也能听懂大人说话之前,并不具备理性判断和分析能力,但是人们只有运用这种能力,才能知道有些看似可怕的事物其实是无害的,我们要让他们渐渐熟悉与习惯的东西其实没有什么坏处。所以,在孩子可以跑来跑去、自由表达之前,这种方法很少用得着。然而,如果婴儿不喜欢任何逃脱他们视线以外的东西,而看了又表现出害怕的神情,那么我们应该用尽一切方法,比如转移注意力或者加以美化等,消除他的恐惧,直到孩子看习惯了,不再害怕。

我们可以观察到,孩子刚刚出生时,所见的事物只要对他无害,对他来说都一样;他们看待皮肤黑的人或者是狮子,与奶妈和猫咪都差不多。那么为什么后来,他们看到一些特定的形状和颜色会感到害怕呢?一定是伴随着孩子对于潜在伤害的理解而产生的。如果每天都换一个不同的保姆来喂,我相信,他早在6个月的时候就不会比60岁的时候更怕生面孔了。孩子不愿意接触陌生人是因为习惯于从一两个固定的人手中获取食物、获得关爱,一旦陌生人接管,他会害怕失去给他快乐、给他食物,能随时满足他各种需要的人,所以,保姆一走开,他就感到害怕。

我们天然唯一害怕的是痛苦,换言之,失去欢乐。孩提时懵懵懂懂,不会将痛苦的经历与任何可见的物品产生联系,无论是什么形状、颜色或者大小的事物都一样。直到我们从具体的事物上感受到了痛苦,或者预见到将带来痛苦。火焰和火苗发出的光亮,明艳动人、令人愉悦,孩子们刚开始一眼看到就想去抓住,而当他们一旦去摸过一次,体验到了烈火灼烧的痛苦,便会确信玩火是可怕的,要小心避免。痛苦的经历为恐惧提供了实锤,而一旦找到恐惧的根源,消除因误解而产生的恐惧心理往往并不难。当大脑对痛苦产生坚决抵触,并且能够用理性思考,缓解紧张情绪,对于克服现实的危险不失为一种很好的防范。如果孩子看见青蛙就怕得尖叫,转身要跑,你让人抓住一只青蛙,放在地上让他远远地看着。一开始让他先适应远远地看着青蛙,熟悉其外观;接着他近距离地看,看青蛙自由自在地跳;接着让人牢牢地拿住青蛙,让他尝试轻轻触摸;逐步拉近距离,直到孩子像对待蝴蝶和麻雀一样，敢于自信大胆地逗玩青蛙。通过同样的方式，其他莫名其妙的恐惧也能够被消除。整个过程要小心谨慎，确保进度不要太快，不能逼迫孩子省去中间步骤，一定要让他对每一步都确信后再进行下一步。因此，年轻的战士应该真枪实弹地训练；在此一定要小心，确保模拟的危险性不超出真实情况。之后，不论他有多害怕，都可以逐步摆脱恐惧，直到最后彻底克服恐惧，掌控困难局面，获得成功。这方面的成功，通常是可复制的，会让他发现困难本身有时并没有想象中的那么严重。摆脱恐惧的方法并不是逃避，也不是惶恐不安、灰心丧气和裹足不前，为了信誉及责任，我们必须向前。

💡 儿童的忍耐力及训练方法

由于引起孩子恐惧的根源是痛苦，所以教他们坚强面对、抵挡恐惧的办法就是使其习惯于承受痛苦。心软的家长会认为这么做太不近人情了；很多家长也会认为，为了让孩子顺应承受而人为地施加痛苦是不合理的。他们的理由往往是："这么做或许会让孩子讨厌令自己受苦的人，却不能让孩子接受痛苦本身。孩子犯错时不能鞭打也不能采取其他体罚，而孩子做得好好的只是胆子小，却用他害怕的东西吓唬他。这个教育方法太奇怪了。"毫无疑问有些家长会这么说，我也理解有人会反对，说我前后不一致或者异想天开。我承认，必须要审慎行动，以确保万无一失，既让那些看好的人接受和认同这个方法，也让不看好的人能够从中找到合理性。我不会因为孩子犯错就要打他们。我想让他们知道身体上的痛苦并不是最严重的惩罚，他们表现得好，我有时也会让他们吃点苦头，也是为了让孩子能够习惯身体上的痛楚，而并不把这看成是多可怕的事。教育多大程度上可以锻炼青年人对于疼痛的耐受力和忍耐力,从斯巴达勇士身上可以找到充分的例证:他们从小就不把身体上的痛苦当成是最大的敌人,也不当成是最大的恐惧,因而他们所取得的美德令人惊叹。但是我不会愚蠢地置我们的时代和制度于不顾,照搬斯巴达城邦国家的这一套。我想强调的是,让孩子逐步适应痛苦,学会不退缩,有助于锻造其坚毅的品格,能够为他们在未来的生活中勇敢、坚强地面对挫折打下基础。

不因一些小挫折小疼痛而哀怜孩子,也不让他们自怜自艾,这是第一步。不过,关于这一点,我在别的地方已经说过了。

第二步,时不时地有意让孩子吃苦头。但是一定要注意,确保孩子在心情好、完全能够理解吃苦头背后的用心和善意时,再采取行动。而且教训孩子时,不能一会怒气冲冲、心怀不满,一会又心软同情、悔不当初。要确保不超过孩子的承受力,也别让孩子心存抱怨、曲解意图,或者认为是报复性惩罚。我见过有个孩子在这种情境中,受到上面所说的那种对待,被人用棍子在背上重重打了几下,还是若无其事,笑嘻嘻地跑开了;然而他在平时受到别人的一句重话都要哭泣,即使那个打他的人给他一个冷眼,当作惩罚,他也能感觉得到。不断地关心、用心对待孩子,让他充分地感受到你是真心爱他的,渐渐地,孩子就会逐渐明白你的用心良苦,逐渐承受和适应你让他尝的那些苦头,不抱怨、不躲闪。我们知道,孩子们在做游戏时,几乎天天都是这样彼此相待的。你越是发现孩子软弱,越是要找机会,在恰当的时间,去磨砺他。其中,最大的艺术在于,刚开始一定要让他感受不到痛苦,然后神不知鬼不觉地逐步升级,在你同他玩耍时,他心情很好、兴致勃勃的时候,你与他说话最投机的时候去实施。当你让他感受到自己所接受的表扬能够弥补肉体上的痛苦;当他能够为男子汉的标志感到骄傲,能够为了英勇无畏的荣誉光环而隐忍;如果孩子天生软弱,你不必感到绝望,随着他的成长、一步步接受引导,一定能够战胜胆怯,弥补天性的不足。当他再长大一些,可以突破自我,做一些更大胆的尝试;无论何时,一旦发现孩子畏畏缩缩,对于理应能做好的事情缺乏勇气，就应该先予以帮助，直到他逐渐为被别人施以帮助感到羞愧，直到他有更大的把握能够完全掌握主动。当他逐渐掌握主动且有足够的决心，在充分了解风险的基础上，有勇气担起应尽的职责；当意外或危险突至不再令他意志崩溃、害怕到发抖，不再做出不合时宜的行为，或寻求逃避，那么他便具备了一个理性生物所应有的勇气。这样的坚强应该是我们通过习惯培养和不断历练让孩子掌握的，一旦有合适的机会，我们就应该培养这一点。

💡 儿童的恃强凌弱及应对

116. 有一件事情，我注意到经常会发生在孩子身上，当他们得到弱小的动物时，会倾向于虐待它们：他们常常折磨，或者粗暴地对待小鸟、蝴蝶，或落在他们手中的其他弱小动物，并以此为乐。我认为应该引起注意，一旦发现他们这些残忍的苗头，应该及时引导，让他们转变思维、帮助弱小。因为折磨和猎杀野兽的传统，会逐渐让人类的心肠变硬，以至于他们对待同类时也是一样残忍；并且，那些以折磨和摧残动物为乐的人，对待自己的同类也不会心慈手软。正是基于此，我们不让屠夫参加生与死的审判。孩子应该从小被教育虐待生物是不好的行为，也不能破坏或摧毁任何物品，除非为了保存其他更高贵的事物，或者为了更高尚的目的。诚然，如果他的所为是为了全人类的福祉，便能使所有人信服，因为这应当是每个人的责任，也是我们的宗教、政治和道德所要遵循的真正原则。如果能够做到这些，世界将会变得更加平和而美好。回到我们谈论的话题，我不由得赞许一位母亲的行为。据我所知，这位母亲善良而谨慎，从不溺爱女儿们，谁想要养狗、麻雀、小鸟或是其他小姑娘喜欢的动物，一旦领回家里，都得勤于照顾，并且照顾好它们，确保动物的需求得到满足、不受到虐待。如果她们对小动物疏于照顾，就会被当成犯下大错，通常会被剥夺饲养的权利，并遭到斥责。通过这种方式，孩子在年幼的时候，便懂得要勤劳、要善待弱小。我认为人们的确应当从小养成习惯，爱护弱小生灵，绝不无端地去损毁或浪费任何资源。

以恶作剧为乐，我指的是毫无目的地伤害其他生灵，将自己的快乐建立在他者的痛苦之上，于我而言是异类和变态的行为，绝不能苟同。人们教唆孩子打架，在孩子打赢或是打伤别人时开心大笑；孩子受到榜样的激励，进一步认可了暴力。大人们在娱乐和谈论历史时无一例外地都谈到战斗和杀戮：胜者（多半无异于刽子手）赢得权利和荣耀，进一步误导了年轻人，让他们误以为杀戮是值得称赞的行为，是英雄的美德。逐渐地，孩子的心中便埋下了残忍的种子；这些为人性所憎恶的行为，伪装成通向荣耀的必经之路，歪曲了传统，从而误导了我们。这样一来，世俗和舆论也会偏向于将暴力当作乐趣，而事实上暴力不应该也不能够成为取乐的方式。我们应当予以重视，尽早补救，让暴力让位于它的相反面，为人性中的仁慈和同情腾出更多的空间。但同我前面所提到的两种错误的方式一样，对于这一行为的补救也要采取缓和的纠正方式。此处恐怕不需我多做赘述。孩子在玩耍时无心或者由于无知造成的错误和伤害，不应该被认为是有害的或是恶意为之，尽管有时可能造成了相当大的破坏，家长也不应该过多强调批评，而应缓和提醒。

接下来的一点，我认为再强调也不为过。不论孩子为做错什么事情感到愧疚，不论后果如何，家长仅需要关注错误的原因，以及后续可能养成的不良习惯，应该根据情况予以纠正，并确保孩子不因玩耍或疏忽大意受到任何惩罚。必须让孩子从思想上认识到错误；如果孩子所犯的错误随着年龄的增长可以自然弥补，并且后续也不会养成坏习惯，那么他当前的行为，不论有多么恼人，都可放他一马，不必加以苛责。

117. 培养孩子富有人情味，从小心怀悲悯之心的另外一种方式，是让他们采用文明的用语和举止对待比自己身份低微的人，特别是仆人。绅士的家庭里也不难见到小朋友颐指气使地对待仆人，满口鄙视，举止专横，好似仆人是比他们卑贱的另一物种。不论是坏的影响，或是财富的膨胀，还是与生俱来的虚荣助长了他们的傲慢，都应该被制止或根除；取而代之的，应该教他们礼貌、热情、友善地对待身份低微的人。这么做丝毫不会有损他们的高贵气质，反而会更加彰显他们高尚的品格，让他们更具有威信。当小主人对仆人既有内心的友爱，也有外在的尊重，仆人在顺从之余也能够多一些尊严，他们在服务雇主的时候也会更加周到和乐意，因为能感受到自己并没有因为财富的贫乏而被践踏自尊。孩子不该耽于外表而失去对人类天性的尊重。他们越是这样，就越是要受到教导，以更富同情心及谦和的态度去对待这世上穷苦的同胞。如果孩子从小借着父辈的光环对别人颐指气使，自以为具有支配他人的权力，说得再好，也是没教育好；如果还是不注意，孩子天性的傲慢会演变成习惯性的鄙视，鄙视不如己的人们，最终除了导致压迫和暴力还有别的结局吗？

儿童的好奇心及保护方式

118.（我在第108节提到过）孩子的好奇心无非是对知识的渴求，因而应该受到鼓励，不仅因为这是一个好的开始，也因为这是大自然赋予孩子剥去无知皮囊的一种机制。而这种原生的无知，如果没有好奇心的驱使，会让孩子变得呆板、无用。我认为，让孩子保持持续的、充足的好奇心可以有如下方法。

第一，不要忽视孩子的提问，也不要笑话他们；认真回答他们所提出的问题，用孩子能够理解和接受的语言解释明白这些问题。不要用超纲的概念去向孩子解释，也不要做与孩子当前兴趣不符合的发散和说理。抓住孩子问题的思路，不要纠结其语言表达。当你向孩子解释，并给出他们满意的答案时，他们的思维本身就可以扩大，适当的答复可以引导他们前进，乃至超乎你的想象。良好的认知有助于增强理解，如同良好的光线可以提升视线。孩子的认知得到满足时会非常开心，尤其当他们感受到自己的提问受到重视，求知受到鼓励和赞许。我坚信孩子转身投向低阶娱乐、碌碌无为消磨时间的一个重要原因便是好奇心受到打击，提问遭到忽视。但凡孩子的好奇心受到尊重与呵护，问题得到满意答复，我认为他们都会对学习和提高认知更有兴趣，孜孜不倦追求新知，而不再一遍遍地重复已经玩过的游戏。

119. 第二，除了要严肃地回答孩子的提问，增强孩子对感兴趣的问题的理解，把这当作需要认真完成的一项任务，还应该运用一些独到的表扬技巧。比如当着孩子的面，在他们敬重的人跟前提及孩子掌握了怎样的知识。因为人类生来都是虚荣和骄傲的物种。要让这些对他们有益的事情成为其虚荣的资本，让骄傲成为触动他们更加努力追求有益事业的动力。基于这样的逻辑，不难发现，对于长子来说，最大的学习激励和自我认知动力，莫过于让他去教自己的弟弟妹妹。

120. 第三，正如孩子的提问不能被轻视，回答的方式也同样要重视，永远不要欺骗或敷衍孩子。因为他们很快就能够识破，并有样学样，很快学会装傻充愣、撒谎这些把戏。我们在任何谈话中都不能歪曲真理，对孩子尤其如此。因为一旦我们对孩子说了瞎话，不仅让他们的期望落空，影响了孩子正确的认知，也伤害了孩子的童真，给孩子做出了最糟糕的示范。孩子就像来到陌生国度的旅客，对周遭一无所知，因此我们要凭着良心，不要把他们领错了路。尽管有时候他们提出的问题好像不很重要，我们也应该认真回答,因为它们在我们看来虽是一些没有价值的问题(因为这些早就属于路人皆知的问题),对于一无所知的孩子来说却十分重要。我们习以为常的事物在孩子眼里全是陌生的;他们所遇到的事物,刚开始对他们来说都是未知的,正如我们年轻时一样。所以当孩子遇见有文化、不嫌弃他们无知并且乐意教授他们的人,他们会非常开心。

依据已有的谨慎态度和知识储备,以及成年人的自尊自大,我们很容易会轻视孩子的想法和问题,而如果你我现在来到日本,(如果想弄清楚当地的情况)我们毫无疑问也会冒出许许多多问题,而在当地那些骄傲自大或是草率鲁莽的人看来,这些都不是问题,也不该有人问;尽管对我们来说,这些问题非常切实而且至关重要;当我们遇到一位彬彬有礼、热情好客,乐于回答问题,帮助我们摆脱无知境地的人,我们也会非常开心。

孩子们遇见新鲜事物,通常第一个问题会是"这是什么"。这时,他们只想知道事物的名称。因此,恰当的答案是告诉他们该事物叫什么。第二个问题通常是"这是做什么用的",回答这个问题时应当客观而直接。告诉孩子事物的用途,用孩子能够理解的语言解释其中的原理,它是如何实现功用的。在其他的场合孩子可能又会提到这个事物,直到你给出让他们满意的答复,这个问题才会就此罢休;而你的答案接下来又将启发孩子更深入地思索。也许对于成年人来说,这样的对话无聊且无趣,因为我们已经习惯于推测。充满好奇心的孩子提出的纯真和未经雕琢的建议,可能给大人的思考带来新的思路。我认为孩子不经意的提问通常比大人循规蹈矩的问题更加值得探究,因为后者往往道听途说、拾人牙慧,而且囿于固有偏见。

121. 第四,有时我们不妨故意让孩子看到一些新奇的事物,激发他们自己去探索、求解。如果碰巧好奇心促使孩子问到他们不该问的,最好坦率地回答,这个问题不是他们所应该知道的,而不该胡编乱造或敷衍了事。

122. 有些人从小就显得鲁莽、活跃,这很少是因其体格健壮之故,也不能视为大脑判断力强。如果家长想让孩子成为机敏的、健谈的人，我想总归是有方法的。但是我认为明智的父亲会更倾向于让孩子长大以后成为有才干、有能力的人，而不是有趣的玩伴，或是气氛调节者。孩子小的时候，如果说也要考虑这个问题，我想我会建议，让孩子在交谈时少一些无聊的附和，多一些说理。因此要尽量鼓励孩子探究，满足他们的求知欲，尽可能地将孩子的观点广而告之。当他的理由有可取之处，就要使他得到信任和赞赏。如果他偏离了正轨，要温和地纠正其错误而不要笑话他。如果孩子对所遇见的事物表现出思辨的倾向，应尽可能加以重视，以确保孩子的积极性不受任何人压制，也不被任何人吹毛求疵或带偏。到头来，我们会发现，思辨是人类大脑最高级也是最重要的功能，值得付出最大的精力去培养，因为良好的思辨能力是人类生命中能获得的最高形式的圆满。

儿童的惰性及如何克服

123. 还有一类孩子，与那些闲不住、爱提问的孩子恰恰相反，总是无精打采、粗心大意，对任何事情都提不起兴趣，甚至对他们的正经工作也是懒懒散散。在我看来，这种闲散的性格是极大的缺点，如果它是出于自然的，又是最难根治的一种顽症。不过，事情有时容易出现差错，所以当我们埋怨孩子厌学、对任何事情都漠不关心时，我们必须小心做出正确的判断。父亲一旦发现孩子有懒散的苗头，第一时间必须仔细观察孩子是对所有的事情都倦怠、懒散，还是有选择性地对一些事情倦怠、懒散，对另外一些事情积极进取。尽管我们发现孩子看书不用功，躲在自己的房间或书房里消磨时间，并不能就此断定孩子生性散漫。也可能是玩心重，比起学习总是想着做其他事；

他把看书学习当成是别人逼着他做的，当然不喜欢了。想要彻底甄别，家长必须在孩子玩耍的时候观察，看他完全自主、不学习、从心所欲的时候如何表现，是积极踊跃、有规划，并为之付出努力和精力直到目标达成，还是依然碌碌无为，浑浑噩噩。如果孩子仅仅在看书时怠惰，我认为很好解决。如果天性如此，便需要更加重视、花更多努力去更正。

124. 如果你对孩子在玩耍时或是在课余做其他感兴趣的事情时所表现的积极性感到满意，那么你就会知道孩子不是生性懒惰，而只是想要逃避枯燥无味的学习才表现得懒散和倦怠。所以第一步应该试着和孩子亲切交谈，告诉他这样一来便耽误了好些本可以花在其他用途上的时间。但一定要确保语气冷静而温和，开始不必絮叨不休，只要简单地说明这种平易的道理即可。如果这一招行得通，说明你掌握住了要领，即理智与和善，达到了你的目的。如果这种温和的法子行不通，试着激发孩子的羞耻心，每天当他走到桌子旁的时候，如果没有外人在座，你不妨问他这天花了多长时间做事。如果孩子没有及时完成既定任务，你就可以把这种情形宣布出来，使他尴尬；但要确保不能掺杂斥责，只要横眉冷对就可以，直到他改正为止；让孩子的母亲、教师和身边所有的人也要态度一致。如果还是达不到你想要的效果，告诉孩子你不会再为他聘请教师了，以后想怎么玩就怎么玩；不喜欢看书、想做别的喜欢的事情就去做吧，让他尽情地玩，从早到晚，直到玩够玩腻，想换个口味去看看书。但是，当你布置任务让孩子去玩的时候，必须亲自监督，或安排别人去监督，以确保他接连不断地在玩，不准他偷懒。我强调"亲自"去监视，是因为作为一个父亲，不管他多么位高权重，花两三天工夫去帮助孩子改正可能影响其一生的缺点，都是非常值得的。

125. 在我看来，如果懒散不是来自他的天性，而是单纯的厌学，你必须仔细甄别。尽管我建议要在孩子自由活动的时候盯着观察，别让孩子知道，否则，孩子知道你在监督他，会迫于淫威，不敢随心所欲地按照自己的想法来，甚至会忘记自己想要做什么、不能够尽情投入，导致看起来无所事事，而事实并非如此，他们只是害怕你知道他们真正想做的事情后加以阻挠。再说透一些，家长监督孩子时，要暗中进行，别让孩子觉察到。委托一位你信任的人，记录下孩子在充分自由、随心所欲的时候，是如何花费时间的，是否虚度了光阴。由此便可以轻易鉴别，孩子学习不积极到底是因为生性懒惰还是厌学。

126. 如果孩子天生性格有缺陷，懒懒散散、整日空想，要改变绝非易事。对未来漠不关心的人，通常缺乏两个动力来源：远见和愿望。如何摆脱天性的冷淡和反作用力，唤醒和增强这两者，将是问题的关键。如果你认同这一点，就必须仔细甄别他对哪些事情感兴趣，找到切入点。一旦你发现他有任何喜好，尽全力鼓励他，调动他的积极性。不论他是趋利型——喜欢得到认可、想要玩耍、想得到华美的衣服，抑或是避害型——厌恶痛苦、羞耻、怕惹你不开心，只要他愿意付诸努力，都可以成为驱动，让他振作起来。对于天性倦怠的孩子，不必担心将他的欲望培养得太过分。这就是你要达到的效果，唤醒欲望才可以激发奋斗。因为无欲则无求。

127. 如果这么做不足以调动孩子的积极性，你必须让他定期参加体力劳动，从而养成做事的习惯。虽然刻苦学习是锻炼身体、磨炼意志的更好方法，但由于学习过程是不可见的，难以辨别孩子是在认真学还是"打酱油"，因此必须安排肢体活动，让他一直忙着，没机会偷懒。如果孩子应付不来、受到挫败，也不是什么坏事，他可能很快感到疲倦转而渴望读书学习。这时请注意，当你同意他看书时，要让他在既定时间内完成规定任务，不得偷懒。只有当这种方法奏效，孩子学习态度变得专注而勤奋时，你才可以允许他在完成任务的前提下，使他在其他劳动中得到一点休息作为奖励。随着孩子对学习越来越投入，这种劳动可以相应减少，直到孩子厌学的毛病完全被根治，便可以彻底取消了。

128. 正如先前谈到的，孩子喜欢自由与多变，我建议为他们安排适合其特点的游戏。因此，我们不应该把读书或其他学习当作任务强加给他们。而父母、家庭教师和学校老师常常忘记这一点，他们心浮气躁地指使孩子埋头学习，谁不服劝导就给点苦头。但这样的命令听多了，孩子们很快会辨别哪些是别人要他们去做的，哪些不是。长此以往，孩子会对读书产生逆反心理，解决的方法就得从反方面着手。因为那时再想寓教于乐为时已晚，你只能反着来：找到他最感兴趣的活动，命令他每天固定玩几个小时，不是作为惩罚，而是当作一项任务布置下去。不出意外，孩子几天以后就会厌倦自己曾经最喜欢的活动，想要看书或做点别的事，只要是能够让他不再继续完成玩的任务。并且，如果不能够从这项任务中抽离出时间看书或者做其他有益的事情，他反而会觉得难受。我认为这么做比压制（通常会引起叛逆）或者其他惩罚性措施更有效：当你想让他不做那件事情，过度满足他（这种方法很安全，但不适用于饮食）直到他产生厌倦主动放弃，你再也不用担心他之后还想做这件事了。

129. 很显然，孩子大多不乐意闲着。家长只需注意引导孩子把精力投入到有意义的事上来。要想达到目的，必须寓教于乐，不能硬来。怎样做才能让孩子不会认为你在干涉他的自由呢？以下是我的建议。如果你不想让孩子做哪件事情，不要直接阻挠，试着让他做个够，自己产生厌倦、主动放弃。比如你的孩子不是一心喜欢抽陀螺吗？那就强迫他每天一连玩几个小时，你在旁边监视着他，让他不停地抽，你很快会发现孩子玩够不想玩了。通过把你不喜欢而孩子热衷的娱乐方式布置成一项任务，孩子会主动转而投向你内心期望他做的事情，特别是当这些事情以奖赏的形式出现。试想，如果孩子每天玩得精疲力竭，如果你同意让他换个方式调节，难道他不会想去看书吗？在孩子眼里，只要是他们可以做的事情，差别都不大。他们之所以把某件事情看得比另一件事情重要，是因为受了别人的影响。所以凡是被当作奖励去给予他们的事物，就真能产生效果。把握住这条心理特点，儿童的管理者就可以选择，是把跳房子作为跳舞的奖赏，还是把跳舞作为跳房子的奖赏；是使他们喜欢玩陀螺，还是读书；是使他们喜欢掷球，还是研习地球仪。如此切换，他们都更乐于接受；他们只想不闲下来，以他们喜欢的方式、自由选择地忙碌，而这些自由选项如果来自父母或者尊敬的师长，会被视为是偏爱。这样，一群孩子就可以免于受坏的影响，而且，会有足够的热情和兴趣去读书、写字或者做其他有益的事，就像其他孩子对待普通玩耍一样。一旦大孩子养成了习惯，会带动整个家庭氛围，让其他的孩子不学都不可能，就像普通孩子对玩一样痴迷。

儿童爱玩的天性及应对

130. 我觉得孩子应该拥有玩具，包括各种类型的玩具；但同样要在父母或者教师的监护下，他们一次只能玩一种玩具，当第一种玩具在手时不可让他同时获得另一种玩具。这可以尽早教会孩子不乱扔和挥霍所拥有的东西；如果你让他们拥有各种各样的玩具，会让他们变得放纵、不懂得珍惜，从小养成挥霍和浪费的习惯。我承认这些都是小事，监护人常常会忽略。但是任何一个会影响到孩子思想的因素都不应该被轻视甚至忽略，但凡会左右习惯养成和教养形成的，其影响都不容小觑，值得引起监护人注意。

关于孩子的玩具还有一点值得父母注意。尽管大家都认同孩子应该有不同种类的玩具，而我认为，这些玩具不应该买给孩子。因为这样会让孩子不满足于已有的种类，使得他们想要拥有更多的变化、更多的玩具，变得不安分，贪求更多，有时甚至连他们自己也不知道想要什么，但就是不能知足。献殷勤给孩子买玩具当礼物，会造成十分恶劣的影响，孩子们差不多在学会说话之前就会被惯得骄傲、虚荣、贪婪。我知道有个小孩，从小被各种不同的玩具哄着，每天都要让仆人把各种玩具拿出来玩一遍；他习惯于坐拥众多玩具，却从不知足，总是不停地问：有别的吗？还有别的新玩具吗？我该买什么样的新玩具呢？所以，掌握克制欲望的好法子，也就找到了一条通向知足、快乐的路径！

"如果不给孩子买玩具，那么，你所允许他们拥有的玩具又从哪里来呢？"遇到这样的问题，我会说，孩子自己可以去找玩具，或至少想着试着去做；在此之前，他们一件玩具也不能有，尤其不能让他们得到任何精美的玩具。一块光滑的鹅卵石、一张白纸、妈妈的一串钥匙，或是其他不会伤到孩子的物品，与商店里买来的价格昂贵的新奇玩具一样，都是可以吸引孩子注意力的玩具，而商店里买来的容易弄坏弄破。孩子们不会因为没有玩具而无聊、低落，除非是习惯了拥有。当孩子还小的时候，看到什么都可以拿着玩；当孩子长大一些，如果不被别人送的昂贵玩具洗脑，他们就会自己去做。一旦当孩子有了什么想法要去自己亲手制作时，他们就应该得到引导和帮助；但如果他们只坐等着让人帮忙，自己不参与，他们就什么都不应该得到。如果孩子动手做玩具的时候，你从旁帮忙，对于孩子而言比买任何玩具都要珍贵。难度大、孩子做不好的玩具，比如陀螺、鱼钩、毽子板等，需要花费较大精力的，大人都应该帮助。他们应该拥有这些东西，不是为了玩花样，而是为了得到锻炼。但是这些东西也应该少给为宜。如果他们有了一只陀螺，则陀螺的鞭绳应该让他们自己做。如果孩子只是张大嘴巴，等着天上掉馅饼这样的好事，他们就休想得到这些东西。这样，孩子会习惯于主动追求想要的东西，并付诸努力；他们就能学会克制欲望、付出行动、勤劳奋斗、思考和创造、悉心经营。这些优秀的品质对于他们成年以后会十分有益，因此不能操之过急，也不能讲得太深。孩子们所有的学习和玩耍都应该以良好的习惯为指引，否则孩子就会学坏。孩子年幼时，无论做什么，都会留下一些印象，并从这些朦胧的印象中产生学好或学坏的倾向。所以无论产生什么样的影响，都不应该被忽视。

💡 儿童的撒谎及防范措施

131. 对于任何过失而言，撒谎可以提供一种周全而便捷的掩饰，在形形色色的人群之间流行，孩子在各类场合也不难看到示范，因此必须花大力气避免其染上说谎的坏习惯。由于撒谎是极恶劣的品质，酝酿和包藏了许多恶行，一定要让孩子从小到大尽可能地认清撒谎极其丑恶的本质。（如果偶然谈起）家长应该在孩子面前表现出对这件事情极端厌恶，指出说谎的行为与绅士的名义和品格极其不相称，凡是有信誉的人都不会顶着失信的风险去撒谎；一旦撒了谎，人生就会蒙上极大的污点，永远挺不直腰杆，被贴上无耻卑鄙的标签，招人鄙视、厌恶；撒谎的人休想与品格高洁的人为伍，也别想在世间留下美名与荣誉。当你第一次发现孩子撒谎，一定要表现出大为吃惊，视其为洪水猛兽，而不要轻描淡写地当成一般错误去责备。如果这么做仍然不能制止孩子再犯，须严厉斥责，让他知道这么做不仅激怒了父母，也惹恼了身边其他知情者。万一这种方式仍然不奏效，须借助体罚。因为被警告后再犯即明知故犯，可视为屡教不改，绝对不允许逃脱惩罚。

132. 孩子们担心错误暴露，会像亚当的其他子孙一样，找借口掩饰。这种错误行为往往逐渐招致虚伪，绝对不能纵容。但管教时宁可激发他的羞耻心，而不能硬碰硬。如果孩子一被问到什么事先去找借口，你应该严肃地警告他说出真相；如果他还是说假话敷衍，则应该受到训斥；但如果他直接承认错误，你必须表扬他诚实，原谅他的过错；既然原谅了，以后也既往不咎。因为如果你想让孩子爱上诚实的品质，就必须通过各种实践引导孩子养成诚实的习惯，绝不能让孩子感到诚实会带来任何不便；相反，若他主动承认错误，不但要免于责备，还应当受到赞许。假如你不能断定孩子是否说了真话，权且相信他，不要流露出一丝怀疑。让他尽可能地在你面前葆有好的声誉。因为一旦孩子丢了颜面，你会失去一个重要的而且是最好的抓手。所以要把握分寸，既不让孩子认为他在你面前是个说谎精，也不能助长他说谎。因此，偶尔发现孩子口无遮拦、言过其实，也可以不用计较。但当你拆穿了谎言、纠正了错误，就不能纵容他再犯。因为他已经知道什么不该做了，除非是别有用心、明知故犯，出现这种情形应当要受到严厉的斥责。

五 绅士教育的几大主题

133. 以上是我所想到的对如何教育年轻绅士的一般思考。我认为，这尽管会对孩子一生的教育历程产生影响，但远不足以解决他成长过程中面临的所有困扰和个性化问题。有了诚实教育作为一般性的前提，我们下一步就可以比较仔细地考虑孩子教育的几大部分。

134. 每一位（但凡注重孩子教育的）绅士，想要留传给孩子的，除了财产，（我认为）还蕴含在德行、智慧、教养和学识这四种品质当中。我在此不会探讨这四种品质所指内容是否重合，是否彼此包含。我采用的是这些名词的通俗用法，我假定它们意思够清楚，可以帮我清晰地表达接下来想说的话，希望你们理解起来也不难。

> 智慧

135. 谈到智慧，我在这里取的是通用意义，泛指一个人能够对世界做出正确判断并且有能力处理好自己的事务的能力。这种能力是良好品性、思维方式和实践经验的结合，远不是孩子能够天然掌握的。想要让孩子为之努力，最重要的一步，是尽可能地防止他们变得狡猾；狡猾是极其不明智的，与智慧相去甚远。就像猿虽有人形，但缺少成为人的最本质的东西，若是硬要冒充人类，只会让人觉得更加丑陋。狡猾欠缺的是对整体大局的理解，导致当他没办法正大光明地去达到目的时，转而动用一些把戏和诡计。造成的后果只能是应付得一时，贻害终生。没有哪张网能够大到、严密到足以将自己盖住，也没有哪个人能够狡猾到完美掩饰自己的本性。狡猾的人一旦原形毕露，身边所有的人都会疏远、不再相信他们，甚至会遭到全世界的人都联合起来打击；而光明磊落、公正、智慧的人，会受到所有人的礼让，从而专心投入自己的事业。让孩子习惯于探寻事物的正确概念，直至达到目的方才满意；引导孩子把心智放在伟大而有意义的事情上，远离虚假和包含大量虚假成分的狡猾，这些都是让孩子获得智慧的最合适的准备。其他的，需要靠时间、经验、靠与人相处、察言观色等逐步积累习得，不能指望无知、粗心的孩子能够学会，对急躁、轻率的青年也不能抱有期望。在这不成熟的年纪，唯一能做的，正如我前文所说，是让他们学会诚实、真挚、理性，以及尽量反省自己的行为。

教养

136. 绅士还有一种优秀品质——良好的教养。缺乏教养有两种表现类型：一种是懦弱羞怯，另一种是粗鲁放肆。要避免这两种情形，就应该遵循这一条规则：既不可妄自菲薄，也不可目中无人。

137. 这条规则的前半部分，不该被解读为反对谦虚，而应该是反对过度谦虚。我们不能自我感觉太好，自说自话，也不应该想当然地认为自己有某些过人之处，就比别人优越，而要该出手时就出手。当我们该去承担义不容辞的责任，也是众望所归的时候，我们应该拥有强大的自信，无论在谁面前都不要惊慌失措，同时与不同身份和地位的人保持应有的尊重和距离。人们，特别是孩子，在陌生人或者地位高的人面前，会表现得笨拙羞怯：思维混乱、表达不清、表情尴尬；脑子一片迷茫，什么都做不了，或是不能优雅自如地、以别人能接受的方式如实地表达自己。想要改变这种情况，同其他的毛病一样，只有一个，就是教他反着来，并养成一种习惯。假如我们不与陌生人或者地位高的人相处，就不能习惯与他们交谈，所以要想改变这种情况，就得广交朋友，而且多与地位高者交往。

138. 我们前半部分讨论的是太过在意在别人面前的行为举止，所以接下来要讲，缺乏教养的另外一面，即丝毫不在意别人的喜好、对他人缺乏起码的尊重。为了避免这种情形发生，首先要做到两点：第一，从主观意愿上不要冒犯他人；第二，要以别人悦纳的方式来表达自己的意愿。具备了前者就叫作有礼貌，后者就叫作得体，指表情、声音、语言、动作、姿态以及整体的风度庄重、优雅，能够被人接纳，并且让与之交谈的人感到轻松和愉快。

这是表达礼貌的一种语言。与其他的语言一样，受各国的风俗与传统影响，必须遵照规则与惯例，这主要靠观察和向那些有教养的人学习。至于第一点，与外在的表现相比隐藏更深，是发自内心的，对所有人的善意与尊重，对任何人都不报以蔑视、失敬或是怠慢，使他按照那个国家的风尚，根据交往之人的等级和地位给予相应的尊重与认同。具备这种主观意愿的人，外化于行，风度翩翩，令任何与之相谈的人都如沐春风。

我将指出四种秉性，与上述提到的社会美德是完全相背离的。而且其中任意一个，都会导致不文明。我把它们列举出来，为的是帮助孩子远离或者摆脱它们的不良影响。

（1）生性粗鲁是头号不良品质，具备这种秉性的人粗俗无理，从而不知道尊重别人的喜好、性格与身份。不管别人喜不喜欢，一意孤行，是典型的粗汉悍妇；然而人们也时常遇到这种人，他们穿着时髦、性格暴虐、为所欲为，丝毫不顾别人的感受。周围的人深受其苦，没有人乐意与其相处。但凡有一点教养的人身上是绝对不会出现这种秉性的。因为良好教养的目标与作用，都在于以柔克刚，修身养性，以到达与世无争的境界。

（2）目无尊长，或者缺乏适当的尊敬，表现在一个人的表情、言语或姿态上。不论谁这么做，都会让身边的人感到不快。因为没有人乐意被轻视怠慢。

（3）揭人短处，盯着别人的过错不放，是和文明礼貌直接对立的。无论人们对某些过失有没有责任，都不想当着自己或其他人的面，在大庭广众、光天化日之下公开宣布。人们往往对自己的缺点感到羞耻，任何缺点一旦被发现，都会令当事人感到不安，即便有些缺点本身显而易见。开玩笑是暴露别人缺点的一种最巧妙的做法，但是，由于这常常是通过巧智和巧言巧语传达的，能博众人一笑，人们就会产生一种误解，认为这无伤大雅。所以，这种幽默的交谈方式通常在社会地位较高的人之间流行；发表这类谈话的人常常很受欢迎，并经常获得旁观者的喝彩。不过他们应该思考，这些笑料是以拿人开涮为代价的，当事人心里怎能舒坦，除非它们本质上是一件值得称赞的事。因为这时，令人发笑的比喻与描述蕴含着赞扬，让被打趣的人也能从中获得自豪感，从而乐在其中。但这种玩笑话很难把握分寸，不是所有人都有这个才能，稍不留心就会搞糟，所以我建议凡是不想惹怒别人的人，特别是年轻人，都应该谨慎避免拿别人开玩笑，否则稍有不慎，都可能惹别人不痛快，让人记恨曾经被你揭过伤疤，尽管你只是幽默调侃。

除了开别人玩笑，顶嘴也是一种挑刺，暴露出教养不良。有礼貌并不意味着我们在任何时候都要对别人言听计从，也不是说对任何事情都睁一只眼闭一只眼。真理与博爱需要我们发声，表达不同观点，纠正谬误，这与文明礼貌并不冲突，只要能注意分寸、注意场合。不过我们或许能观察到，有一些人生性爱抬杠，不论是与非，总爱跟人顶嘴，似乎周围的人跟他都不对路，不论谁说了什么话，他总有话要反驳。这种挑刺，摆明会激怒人，没有哪个被顶撞过的人不会感到受伤。提出反对意见往往会被认为是批评，所以被反驳的人很少有不感到屈辱的，因此应该尽量用温和的态度和言语去表达，用所有的态度去表明你不是故意和他作对。同时，还要表达应有的尊重与善意，这样，在我们赢了辩论的时候，才不至于失去对方对我们的敬重。

（4）吹毛求疵也是和文明礼貌相违背的，不仅仅因为它常常带来不合时宜的挑衅的言语和举止，还因为它是我们对某些人的无礼行为心生不满时，一种无言的控诉和责备。这种怀疑和暗示谁碰到都会感到不自在。不仅如此，席中有一个吹毛求疵的人，周围的人都会感到不安，在这种不和谐的音符搅扰下，和睦的氛围难以为继。

人们不懈追求的幸福蕴藏在一件件快乐的小事中，因此不难理解为什么有礼貌的人比有能力的人更受欢迎。不论是位高权重的人还是真正的朋友，他们的能力、坦诚和好意，都不能弥补恶语相加时造成的伤害。权力与财富，乃至美德自身，之所以被人看重，无非是因为能够增加我们的幸福感。所以，当一个人本着为别人幸福着想的意图，在表达方式上却有不当，那么不论他给别人献多少殷勤，也会让人感到不悦。凡是知道如何与别人自如交流的人，即掌握了为人处世的要诀，即便不去溜须拍马，也能到处受到欢迎与尊重。因此文明礼貌是首要大事，应该特别注意引导孩子和年轻人养成习惯。

139. 此外，还有一种不良秉性与良好教养不符，即过分注重繁文缛节，固执地强迫他人去做本分以外的事情，让人感到愚蠢和羞耻。这与其说是对他人表示尊重，不如说是故意让人出丑；至少，看起来也是在争强好胜，充其量不过是惹人嫌罢了，绝非是良好教养的表现。因为良好教养的功用与目的不外乎是让那些与我们交流的人感到安逸、满足。这种情况在年轻人身上出现得不多。而一旦发生了，或者有此类倾向，他们就该被告知，应该得到警告，勿在礼节上出差错。他们在与人交谈时应努力做到，从文明礼貌上向交谈对象表示恰如其分的礼仪与尊重，以表明自己的敬重与善意。如何做到不卑不亢，是一种杰出的技巧，只有靠自身敏锐观察、理性思考和身边人良好的引导才可以掌握。但这门技巧在生活中用处很大，非常值得学习。

140. 尽管我们行为举止表现得规规矩矩就会得到良好教养的名声，似乎它是教育的特有效果，然而，正如我前面提到过的，不应该让小孩子被条条框框束缚住。比如，教孩子如何时髦地脱帽致意、屈膝行礼。如果可以的话，我建议教他们谦逊温良，这种风度在哪里都能用得上；文明礼貌归根到底无非是小心谨慎，不在交谈中流露出一丝怠慢或鄙视。至于最能够被接受、被尊重的表达方式，我前面已经说过。当然，就像语言一样，不同国家对于文明礼貌的表达方式会各有特点、各不相同。因此，我们只要认真思考一下就会明白，把这些具体的规则和内容教给孩子，就像你时不时地教一个只和英国人聊天的人一两条西班牙语语法规则一样，既没有用处，又毫不相干。尽管你花了大力气和孩子谈论如何讲文明懂礼仪，他所交往的朋友，仍然会影响到他的举止行为。你附近的一位农夫，从来没有离开过他所在的教区一步，学了再多你分享的知识，几句话一说还是会现出粗鄙的原形。那是因为他平时交谈的人不需要讲究那么多礼节。因此，在孩子长到合适请教师从旁指导的年龄以前，当然这位教师务必是一个有良好教养的人，我们不需要过多地强调礼仪礼节。假如我能自由发表我的观点，我诚挚地主张，只要孩子能够屏蔽固执、自大、顽劣等缺点，如何脱帽、如何屈膝，无关紧要。如果你教孩子爱戴和尊重他人，孩子们会根据自己的习惯，找到合适的渠道来表达。至于他们的动作和体态，正如前面提到的，到了合适的年龄，一个舞蹈教师就可以把最合适的姿态教给他们。同时，孩子小的时候，人们不会指望他们多注重礼节；在那个年纪，孩子在礼节上的疏忽可以得到允许，正如成年人之间应该懂得寒暄一样。或者，即使有一些十分讲究的人认为孩子这样是犯了错，至少我也深信是一种不必介意的过错。随着孩子的成长，通过教师的引导和各类社会交往都可以矫正。所以，我认为不值得为此花时间去干涉甚至斥责孩子（尽管常常有人这么做），反倒是一旦孩子的举止行为出现了傲慢或邪恶的成分，则应该采取规劝或羞辱的方法予以矫正。

尽管我们在孩子小的时候，不该过分强调规矩和礼仪细节，然而，有一种粗鲁的行为特别容易在这个年龄段的孩子身上发生，必须要尽早制止。这就是，当别人在谈话的时候上前插嘴，甚至顶嘴打断别人的谈话。或许是争强好胜的传统，或是出于思辨精神，把驳倒别人当作是掌握知识的唯一证明与标准，令年轻人争先恐后找机会去捕捉别人的漏洞、反驳别人，不放过任何一个展示自己才华的机会。事实如此，而且我发现学者在这个方面也是备受诟病的。没有什么比打断别人的谈话更粗鲁无理的了。因为如果我们听别人讲完话之前就急着发表议论，要么是什么都还没搞明白就胡说八道，要么是明确表态听得不耐烦了，鄙视他说的内容，并且在座的人也不爱听，该让我们来说，我们讲的才是值得听的。这表现了极大的不敬，甚至是冒犯，并且，所有的打断都带有这种色彩。假如按照一般情形，如果我们贸然打断别人的谈话，以师者自居接下话题，断然指出别人的错误，不论是为了纠正错误，还是仅仅为了反驳，都表现了一种极大的骄傲与自负。

我并不是说，聊天当中不能有不同观点，也不是说不能有反对意见。因为这么做可能会抹杀社会交往的最大优势，使人们不能从同伴有独创的意见中获得进步的灵感。人们争辩时，来自四面八方的观点、不同的角度、探讨不同的可能性，让真理越辩越明，而如果每个人都只会点头顺从，做第一个发言者的复读机，这一切进步将不复存在。所以我反对的并不是持不同意见，而是反对在表达反对意见时粗暴的态度。我们应该教导年轻人，不要随便打断别人的观点，除非被询问到，也不要在别人都说完、安安静静的时候，又挑起话来。如果有机会说话，也只能用求教的语气，而不是用说教的态度。切记，不能用教训的语气趾高气扬地说话，并且一旦当大家停下来，给你机会发言，才可以以求教的语气，谦逊地提出问题。

这份恭敬不会让他们的发言失色，也不会减弱他们的论点，而恰恰可以帮他们争取更多的支持和关注，使他们所说的话更占上风。一个站不住脚的论点，或者是平庸无奇的观点，以礼貌的方式提出来，对他人表示出充分的尊重，便可以获得较高的声望和尊重。相比之下，再机敏的智慧，再尖端的科学，若是通过粗鲁无理的方式，吵吵嚷嚷地提出，永远只会惊扰到听众，造成不好的印象，即便他说得更有道理。

因此，应该注意观察年轻人身上有没有这种贸然顶撞的事情发生，一旦发现端倪，立即阻止，要引导他们有礼有节地表达自己的观点。而且，成年人常常也有激烈争辩、插嘴甚至大声嚷嚷的情况发生，即使在我们这种阶层的人中也是这样，所以应该尽早制止。被我们称作野蛮人的印第安人，在谈话和交往时文明礼貌多了，他们会在别人说话的时候安静倾听，直到对方把话说完；然后再从容地应答，不急不躁。假如在我们所处的如此文明的地方还做不到这一点，我们就只能将其归咎为教育不当了，怪教育没有驯化掉我们身上的野蛮。

你不曾见过这样一个可笑的场景吧：两个有身份的淑女，偶然对坐在一间屋子的两边，周围还有许多人，突然她俩发生了争执，越吵越凶，争执到达白热化。她们不自觉地把椅子往前挪，不一会儿就挪到了屋子中央，脸对脸接着吵。两人活像场上的两只斗鸡，旁若无人地一争高下，持续了好一阵子。谁看到都会觉得好笑吧？这个故事是一个有身份的人告诉我的，他当时就在现场，他把双方激烈争吵时的口不择言一五一十地讲给我听。这一类的事情，受习俗的影响不会少见，所以教育方面要更加注重。没有人不憎恶别人身上的坏毛病，却常常忽视自身的缺点。即便有些人能敏锐地察觉到自己身上的弱点，并决心改正，也难以摆脱这一不良习气，这应归咎于他们所受的教育，导致恶习难改。

141. 如果我们把上述有关同伴的话仔细考虑一下，或许可以从更广阔的意义上去思考，同伴能够带给我们多么深远的影响。不单是文明风尚被人际交往打下了深刻烙印。同伴的影响不止于表面，它渗入了更深的层次。如果我们把全世界的道德和宗教做一个准确的估计，我们会发现，绝大部分的人接受某些观点，甚至不惜献出生命去坚守的礼仪，多半来自他们国家的风尚，以及生活中大家的日常遵循。我这么说只是想让你明白，同伴对于令郎生活的方方面面有多么重要的关系，因此为孩子选择一个好的陪伴有多么重要；这对于他的影响，要远远大于你能为他做的所有其他事情。

第三部分

知识技能教育

一　学问在教育中的地位

142. 也许你会疑惑，为什么我把学识放在最后，特别是当我告诉你学问最不重要，你可能会更加不解。这句话从一个书呆子口中说出来是稀奇的。当人们谈到教育的时候，学识通常是大家放在首位的，即便不是为孩子绞尽脑汁忙活的唯一一件事情，也是大家几乎都会想到的唯一一件事，所以我的话更显得矛盾了。为了一点拉丁语和希腊语，不知遭了多少罪，花了多少时间，无端弄出多少鸡飞狗跳、忙忙碌碌。我禁不住会想，还有多少父母仰仗学校老师的威慑，把教鞭当作教育的唯一工具；在他们眼中，掌握一两门语言就是教育的全部了。怎么能让孩子把一生当中最宝贵的七八年，甚至十年光阴全部捆绑在学习一两门语言上呢？在我看来，孩子付出的时间和辛劳完全可以减少一些。让他们在玩耍中愉快学习，难道不好吗？

因此，请原谅，如果我说，我无法想象"为了接受心灵的教化"竟把年轻的绅士像牲口一样放进牛群，用鞭子驱赶，使其饱受身心之苦，只为了让他顺利地读几个年级。你会问，那又怎么样呢，难道不让他们读书写字了吗？我们教区的牧师把霍普金斯和斯坦霍尔①当成世界上最伟大的诗人，他自己读书不得法，错判了两人的真实身份，难道你要让孩子变得比这个牧师更加无知吗？别这样，别心急，我的朋友。读书、写字、学习，在我看来也是有必要的，但不是首要之事。我猜，如果有人不知道把有德行或是有智慧的人看

---

① 霍普金斯（John Hopkins）、斯坦霍尔（Thomas Sternhold），均为英国16世纪诗人，以撰写皇室赞美诗著称，诗才平平。——译者注

得比大学者更加可贵，你也许会觉得这个人很傻。我认为，对于心智健全的人来说，增长学识有很大帮助；而我们也不得不承认，对于心智不全的人而言，学得越多，反而让人更加迂腐、堕落。我这么说是想告诉你，当你考虑孩子的教育问题，送他去学校读书、为他聘请教师的时候，不能只按照你的想法（家长们大多会这样）一心想着拉丁语和逻辑。学习必不可少，但是跟其他更重要的品质比起来，是第二位的，只能起到辅助作用。去找一个能够注重培养孩子风度的人吧。把孩子交到这样的人手上，尽可能地保护孩子的纯真，珍惜和培养孩子的闪光点，亲和地纠正或根治孩子身上的缺点，帮他树立良好的习惯。这才是主要的，只要做到这一点，我想，通过正确的方法，就可能让学习达到事半功倍的效果。

二 知识教育及具体建议

阅读

143. 当孩子学会说话时，他就该开始学习阅读。请允许我重申，因为这一点很容易被忘记，那就是要多加注意，千万别把读书当作一项工作施加给孩子，也不能让他把读书看作一项任务。我说过，我们从出生起，天性热爱自由，对任何强加在我们身上的事情感到憎恶。我总是有一种大胆的想法，也许学习可以变成孩子的游戏和娱乐。如果让学习成为一件让孩子感到荣耀、光荣、快乐以及休闲的事情，或者是一种完成某件事后的奖赏，并且，如果孩子不会因为疏于学习而受到任何责备或惩罚，这或许可以激发孩子对于学习的渴望。有一件事情更加坚定了我的想法，在葡萄牙人那里，读书、写字成为孩子之间的风尚和竞赛，没有谁能够阻拦。孩子们会相互学习，积极钻研，唯恐有人不让他们学习。我记得有一次在朋友家，他的小儿子是个刚刚离开襁褓的幼儿，（在家里由妈妈教他读书）但对书本提不起兴趣。我建议他们换一种方式，不要让孩子把读书当成一种责任。我们可以在谈话的时候故意让孩子听见，假装没有注意到他，称读书是继承人和大孩子的权利，这样可以成为有学识的人，让他们成为美好的绅士，受到大家的爱戴；而对于小一点的孩子，教育是一种恩惠，读书和写字本不是他们的权利，若是他们不爱读书，尽可以成为大字不识的土包子。这招一出，孩子们就急了，自己要求去读书。他会主动到母亲跟前学习，并且一定要缠着女仆听他读书方才罢休。我相信类似的方法也可以用在其他孩子身上。一旦摸清他们的脾性，就可以把某些想法灌输给孩子，激发他们主动学习、把学习当作一件乐事。但是，正如我前面说过的，千万别当成任务布置下去，也别让孩子觉得学习是一种麻烦。我们可以在骰子和玩具上贴上字母，一边玩一边教孩子认字，还可以根据孩子的不同喜好开发许许多多的玩法，让他们把学习当作一种玩耍。

144. 因此，孩子是可以通过游戏的方式引导着学习的，而且当他们学习的时候，并不会认为这和娱乐有什么两样，而是在别的孩子叫苦不迭的时候乐在其中。我们不应该把工作或者其他严肃的事情强加给孩子，这是他们的心灵和身体都无法承受的，会对他们造成伤害。强迫孩子们整日坐在书桌前学习，会令他们痛恨学习、想摆脱束缚，而且我确定，这也是为什么许多人终生讨厌看书学习的原因。这种情形如同饮食过度，吃够了某种食物而带来的厌恶感是很难消除的。

145. 所以我认为，如果平时没什么用处的玩具、游戏能够加以利用，达到娱乐以外的目的，促使孩子学习，我们就值得花心思去设计怎样让孩子以为自己在玩，而在不知不觉中学会阅读。比如说，我们仿照皇家橡树彩票抽签所用的骰子那样，制作一个立体多面的象牙球，分为 32 面、24 面或 25 面；然后在某些面上贴字母 A，某些贴 B，其余的分别贴上 C 和 D。我们先从这 4 个字母开始，或者你一开始只贴两个字母也行。当孩子逐渐熟练，再增加；熟练以后再逐步增加，直到每一面都有一个不同的字母，整个象牙球就是一个字母表了。我会当着他的面，先和其他人玩，看谁先掷到字母 A 或者 B，就像掷骰子看谁先掷 6 或者 7，就算赢。让他心里急着想要参与，而不要像完成任务一样让他参与进来。因为我想让他认为这是成年人的一种游戏，那样他会自然而然感兴趣。隔三岔五地让他参加一两回，让他感受到这是恩惠，更有理由相信这是一种游戏了，而且当游戏结束的时候，要把球收好，放在他拿不到的地方，以防他时时刻刻都能玩得到而失去了新鲜感。

146. 要保持孩子学习的热情，得让他觉得这是一种高阶游戏。当他通过这种方式学会了字母，你再把字母贴换成音节，他就可以不知不觉学会拼。在游戏和进阶的过程中，孩子既不会遭到斥责、打骂，也不会因看不懂书本上晦涩的语言而恼羞成怒、憎恨读书了。如果你注意观察，会发现孩子们为了玩游戏愿意付出大量的精力并且乐此不疲，而一旦他们被命令这么做，则会产生畏惧，就像畏惧任务和工作一样。我认识一个有身份的人（一位以学识和美德著称的地位显赫的人），他将 6 个元音字母（我们的文字里，Y 也是元音字母）贴在骰子的 6 个面上，把 20 个辅音字母分别贴在另外 3 个骰子的 6 个面上，教孩子玩一种游戏，规则是谁用这 4 个骰子掷到的字母拼出的单词最多，就算赢。他的大儿子，当时还只是个幼儿，一门心思地迷上了这个游戏，在玩耍中学会了拼读，他从没有被逼着学习，也没因学习被斥责。

147. 我见到小女孩们花大把的时间玩一种叫作掷石子的游戏，付出许多努力把自己练成神投手。我在一旁看着，不禁可惜要是能好好设计一番，把孩子的勤奋往更有用的事情上引导就好了，而且我认为，如果没能引导好，是大人的过错。孩子们天生比大人精力活跃，要是大人们没能把孩子充沛的精力转移到有意义的事情上，那是应该受责备的。因为但凡大人愿意花一点力气去引领，那些有意义的事情也会变得像游戏一样有意思，孩子们通常都会很乐意跟着参与。我想那些聪明的葡萄牙人在他们国家一定是这么引导孩子的，因为我听说过，而且前面也说到，他们的儿童主动要求读书和写字，学习势头不可阻挡。在法国的某些地方，孩子们从小一起交流，唱歌、跳舞也蔚然成风。

148. 粘在骰子或者多面体上的字母，大小最好和对折本《圣经》上的字母相同，儿童刚开始学习时，不要出现大写字母。当他可以自如地认出小写字母以后，大写的也很快能够辨识，所以刚开始不要有太多的变化，以免令孩子迷茫。你可以拿着骰子当作皇家橡树游戏去玩，也可以换着花样，拿樱桃或者苹果当赢家的奖赏。

149. 除了这些，还可以发明出许多字母游戏，喜欢这类游戏的人，可以想出更多的玩法。但是我刚才提到的4个骰子玩拼读的游戏，简单益智，很难再找到更好的，也不必花时间再去找了。

150. 关于阅读，我说的已经很多，就是不要强迫他学习，也不要因此责备他；尽量哄孩子去读着玩儿，而不要让他把看书当成是一项任务。宁可让他晚一年读书，也好过让孩子产生厌学情绪。如果你想劝服他做什么，请选择那些急迫的、有关真理和美德的事情，而不要把基础的 ABC 当作任务布置给他。要想办法让孩子懂道理、服从理智，教他爱惜羽毛，教他怕被别人误解或小觑，尤其是怕你和他妈妈看不起，其他的事情就好办了。不过，我觉得，如果你想要达到这个效果，绝对不能因为一点点无关紧要的小事就把孩子框住，也不能因为任何小失误（或在别人看来是大的失误）就严厉批评他。但关于这一点我已经说得够多了。

151. 当孩子逐渐学会阅读，应该选择一些浅显有趣、与他能力相符的书让他看，让他从读书中获得乐趣，从而乐意继续学习，并且感到阅读付出的努力能够得到回报。然而，所选的书不能是宣扬荒唐言论或尽是歪理邪说的。我认为《伊索寓言》是最合适的选择，不仅有儿童感到愉快和满足的故事，也能让成年人从中得到有益反思。假如这些故事可以长久地留在他的记忆中，在他长大以后进行理性思考、从事严肃事业的时候也能够想起一二，他也绝不会因此感到后悔。如果能有插画版的《伊索寓言》会更有意思，他会更有兴趣阅读，并且能在插画的辅助下更加深入地理解故事的含义。因为要是孩子们不理解书中的内容，光听别人说，则一点意义和乐趣都没有；要参透书本里的意思，不能光听别人说，要自己去阅读或者去看图。因此我认为，一旦孩子开始拼读，应该尽可能地找一些印有动物名字的图片，配合着教学，以满足他的好奇心和求知欲。此外，《列那狐的故事》也是一个很好的选择。当孩子懂得开卷有益而且乐在其中时，如果身边的人能够常常跟他谈论他读过的书，听他讲书里的故事，那么除了其他的诸多好处，还可以起到鼓励和促进的作用。在通常的做法中，完全忽略了这项技巧；早在初学者能够自主发现读书的用处和乐趣之前，就已经把读书当成了时髦的娱乐，或者是无端的麻烦，一点用处都没有。

写字与绘画

152. 当孩子可以很熟练地阅读，就是时候让他们练习写字了。这时，第一件事就是要让孩子掌握正确的握笔姿势，一定要在动笔之前先练好握笔。因为不光是孩子，任何人想把事情做好，一次就不该揽得太多。他们不可能同时把两件事情做到完美，所以能分解尽量分解。我认为意大利人用拇指和食指拿笔的方式也许是最好的，不过你也可以咨询一些有名的书法家，或者其他字写得又快又好的人。一旦孩子学会正确地握笔，下一步就要学怎样铺纸、怎样摆放手臂和身体姿势。这些都学会了之后，有一个不费力教会孩子写字的方法，就是找一块木板，刻上你最喜欢的字体。但你一定要记住，刻的字号比孩子平时书写的字要大一些。因为不论是谁，初学写字时写得比较大，后来自然而然越写越小，而不会越写越大。木板刻好以后，你可以拿出几张质量好的纸张，用红墨水印上，他只要用一支灌满墨水的好钢笔描摹就行。刚开始要让他先看笔顺，看字母如何书写，这样孩子能够很快地知道该怎么用手写出这些字。这一步骤练好以后，就得让他练习在白纸上写字。如此一来，他就能便捷地掌握你所喜欢的字体。

153. 当他字写得又快又好时，我认为，不仅便于继续练习控笔书写，也便于后续进一步学习对控笔能力要求更高的绘画。绘画是绅士在很多场合都能派上用场的一项技能，特别是当他旅行时，他简单几笔勾勒、巧妙构图，就能够把用一页纸的字都表达不清的内容清晰、明了地呈现。他所见的多少建筑、多少机器、多少习俗，以及由此而产生的感想，通过一些小的绘画技巧，都能够很直观地保留和传达。倘若搜肠刮肚去找词来表述，可能想来想去忘记了自己要表达什么，或者即便想到怎么说也会发现不能尽意。难道不是这样吗？我并不是要让你的孩子成为一个完美的画家，因为但凡达到像样的水平，则需要年轻的绅士们付出更多时间，而他们可以把时间花在提升更加重要的技能上。但是，假如他在绘画上只求掌握透视画法和技巧、将所见在纸上表达出来，除了面部肖像可能会花费更多的时间，其余完全有可能在短时间内掌握，特别是孩子如果有绘画天分的话。若孩子实在没有天赋又不是必要的话，最好略过，别硬赶鸭子上架，那样毫无意义。不单单是绘画，其他任何事情也一样，不必做的事情没必要强求。俗话说，不要逆米勒娃[①]的旨意

[①] 米勒娃（Mineva）：罗马神话中掌管智慧、正义、法律和战争的女神。——译者注

而行。

我听说，速记只在英国才被当作艺术，或许因此被认为值得学习，因为速记不仅可以让人们快速记下所思所想，还可以掩人耳目。学会任何一种书写，稍加改变，就能够转成只有自己明白的符号或意向，加以浓缩，从而变成自己适用的表达。里奇先生的缩写符号，是我见过最精心设计的速写方式，一看就是对语法了然于心的人发明的，易于上手且简短。若想学会这种简明的书写方式，不必急于拜师。当孩子熟练掌握写字姿势，写得又快又好时，找一个恰当的时机一学就会。对于很少用到速记的男孩子们，绝不应该强求他们一定要完美掌握速记，也不能强迫他们一定养成习惯。

外语

154. 孩子一旦学会说母语，就可以去学其他语言了。毫无疑问，（英语母语学习者）首选法语。原因在于，人们在日常的使用过程中已经开始正确地引导孩子学法语了，比如聊天时经常跟孩子说法语，而不是灌输语法规则。如果家庭教师经常和学生用这门语言聊天，只说拉丁语，并且让他必须用拉丁语来回答，通过这种方式，拉丁语也可以轻易被教会。但由于法语是一门现行的语言，在口语当中更常用，应该先学法语，让口腔发音器官适应这些单词的发音，养成发音准确的习惯，学得越晚越难养成标准发音。

155. 通常说来，花上一两年的时间，当他能够流利地使用法语交谈和阅读时，他就可以去学拉丁语了。这时，很多家长对此问题的态度令人费解，虽然他们在法语教学上进行过成功的尝试，可是竟然到了拉丁语却不按照同样的说与读的套路去教孩子。孩子在跟教师通过口语和阅读的方式练习外语的时候，只有一点需要注意——千万别忘记使用母语阅读，这可以让孩子的妈妈或者其他人督促他每天选读《圣经》或者其他英语书的章节，那么他的英语就不至于淡忘。

156. 我认为拉丁语对于每个绅士而言都是绝对必须学的。并且毫无疑问，传统习俗已经将拉丁语变成教育的重要组成部分，哪怕抡起鞭子揍也得逼孩子去学，哪怕他们投入大量的宝贵时间学得并不开心，哪怕他们毕业以后，余生与拉丁语再无任何瓜葛。倘若一位父亲浪费大量的金钱和孩子大量的时间去学这门罗马语言，同时又为孩子规划了一条并不需要用到拉丁语的职业道路，成功地助孩子把学校里学的那一点拉丁语忘得一干二净，而孩子这些年所受的苦又令他对拉丁语多半心生厌恶，还有什么比这更荒唐的事情吗？要不是我们亲眼看到许多鲜活的例子，谁会相信人们要一个前途已定的孩子去学习一门生活中几乎用不到的语言，却忽略了要让他们为了今后生意成功、为了受人尊敬去练一手好字、算一手好账？尽管它们对于做生意不可或缺，却在语法学校几乎学不到，然而不仅绅士们把打算经商的孩子送到学校里，甚至商人和农民也把自己的孩子送过去，虽然他们从来无意于或者也没有能力让孩子成为学者。如果你问他们为什么要把孩子送进学校学拉丁语，他们反而对你问这个问题感到奇怪，就像问他们为什么去教堂一样。传统本身就是理由，使信奉、笃行这一观念的人们义无反顾，对于这些人来说，如果孩子们没有学习利黎的拉丁语法[①]就如同没有接受过正统教育。

157. 但是不论学习拉丁语对于某些人来说多么有必要，又或是对于另外一些人来说一点价值和用处都没有，却也被看成是必须的。然而，几经考虑，

---

① 利黎（William Lily，又称 William Lilye）：英国文艺复兴时期学者、拉丁语语法学家。他制定的语法规则受到亨利八世及其继任者爱德华六世的钦定，成为英国全国文法学校通用的拉丁语语法，因而又称为"国王语法"。——译者注

我却不能赞同语法学校所教授拉丁语的一般方法。其中的道理不言自明，许多聪慧的人已经充分认同并且放弃了寻常路，尽管他们使用的具体方法并不是我所认为最简单的办法。我所说的办法，简单来说，就是一点语法也不要教，把拉丁语当成是英语来学，避开那些复杂的规则，就像说英语一样，与孩子用拉丁语进行交谈。你只要想着，孩子初来到这个世上时，对拉丁语和英语同样感到陌生。他既然能不通过老师、规则和语法学会说英语，那么就像西塞罗[①]那样，如果有人总是用拉丁语与孩子交谈，他这门语言的能力就会不断长进。我们常常看到法国妇女教英国小女孩法语，不讲语法，只是闲聊，孩子一两年就能熟练掌握口语和阅读，我想不通为什么绅士们没把这个妙招用在自己的儿子身上，还认为儿子不如女儿聪慧、有语言天赋。

158. 所以，如果你找到一位拉丁语说得好的男士，陪在令郎身边，常常同他用拉丁语交谈，让他苦练拉丁语口语和阅读，不仅简单好用，还不失为一个正确且可行的方法。孩子通过这种方法学会一门语言，既不痛苦又不费力；而相比之下，那些花六到七年在语法学校学习的孩子，痛苦受挫，也达不到如此效果。此外，这还有助于孩子养成良好的心理和礼仪，随着他涉足科学知识，包括大部分的地理、天文、年代、解剖知识，一部分历史知识，以及别的种种属于感官范围以内而又只需要运用记忆的事物。因此，如果我们愿意采用真实的方法，我们的知识就会源源而来，应该通过这些可感知的事物打下基础，而不是纠结于逻辑、形而上这些抽象的概念。因为抽象的概念在初学阶段只能起到娱乐消遣的作用，而无法启迪悟性。当小伙子们苦于思索抽象概念而不见成效，或者达不到心中的期待时，他们就会怀疑这门课、

---

① 西塞罗（Macus Tullius Cicero，公元前106—公元前43年）：古罗马著名哲学家、雄辩家，民间流传将其中间名转化为图里（Tully），并以此作为对他的称呼。西塞罗把他的雄辩之才归因于幼年教育中对于记忆力、阅读能力和表达能力的培养。——译者注

或者怀疑自我，进而想要放弃学习，想要把这些空洞难啃的书扔掉。或者，他们得出结论，就算是这些抽象概念中有真知，也缺乏参悟能力。如此而已，我还可以用以往的经验来向你证明。当一个年轻绅士的同龄人正在全力攻读拉丁语和其他语言时，他用我建议的方法学习了其他的事物，换作现在我还可以把几何加上去。因为我知道，有一个年轻绅士，通过这种方式，在12岁时就能够证明欧几里得几何学中的好几条定理了。

159. 但是如果你找不到这样一位既熟知拉丁语又博学的老师，愿意使用这种方法教导你的孩子，那么，次优选的办法就是用尽量接近的办法去教他，可以找一些容易而有趣的书，比如《伊索寓言》，将英语译文（尽量直译）放在一行，相应的拉丁语对照放在每行的正上方。通过这样的方式让孩子每天一遍又一遍阅读，直到完全理解拉丁语的意思；接着再读别的寓言，也要到他完全掌握为止，对于已经熟知的部分也不能跳过，而要时时复习，以免遗忘。当他开始练习书写时，可以把这些材料当作抄写范本，这样既可以练习书写，也能够复习所学的拉丁语。虽然这种方法不如直接教孩子拉丁语会话好。教的时候要让孩子先学会动词的构成，再熟练掌握名词和代词的变格，进而熟悉拉丁语的精髓和风格，即拉丁语的动词和名词不像现代语言是通过加词缀改变意义，而是通过改变单词的最后一个音节。我认为孩子掌握这部分的语法即可，直到他能够用斯奇俄彼阿斯和培利查阿斯的注释去读《圣米勒娃》[①]的时候，才有必要再增加难度。

谈到儿童的教育，我认为还应当遵守这一规则，即大多数情况下，在孩子遇到困难的时候，不可把困难丢给他们自己去解决，这会让他们更加迷茫。比如问他们所要分析的句子里面的主格是什么；又如为了让他们弄清楚

---

① 《圣米勒娃》：是一部拉丁语法著作，作者是桑切斯，由斯奇俄彼阿斯和培利查阿斯增加注释。——译者注

"abstulere"（已经带走）是什么意思，不等他们搞明白怎么一回事，就急着问"aufero"（带走）的意思。这么做只会浪费时间，让孩子觉得不安。因为孩子学习的时候，全身心都在思考，这时应该帮孩子保持良好的心态，让学习内容尽量简单、令人愉悦。因此，无论什么时候，孩子被难题困住、想要迎难而上时，我们只需帮助他们暂时渡过难关，避免采取打骂或责罚。请记住，这些严厉的方式无非暴露了老师的傲慢与暴躁，暴露他一厢情愿想让孩子立刻掌握他所知道的全部知识。老师更该意识到，他的职责是教孩子养成习惯，而不是暴躁地灌输规则，后者对于人生没有任何助益，至少对孩子来说是这样的，因为他们很快就会忘记这些规则。我不否认，在需要运用逻辑思考的科学方面，可以根据实际有意地针对难题进行提问和引导，去激发孩子去努力，让他们的大脑习惯于独立思索、探究。然而，我认为这种方式在孩子很小的时候或是在学习任何知识的入门阶段都不适合。因为在这个时候，任何知识本身都很难，老师应该尽其所能把学习任务变得尽可能简单，特别是就语言学习而言，没什么必要把孩子难住。因为语言要靠死记硬背和习惯才能够学会，而当他能熟练表达时，所有的语法规则都统统被抛之脑后。我承认语法规则有时是需要仔细学习的，但仅限于成年人要批判性地去研究一门语言，这很少有学者以外的人去做。我相信大家会同意，如果一个绅士要去研究语言，他应该从研究自己本国的语言做起，以便对自己经常使用的语言获得一种绝对精确的理解。

还有一个原因能够解释为什么老师们不应给孩子增加困难，而应该尽量为他们铺平道路，在他们遇到难题的时候准备好施以援手。因为孩子的思想是狭窄和脆弱的，往往一次只能容纳一种想法。不论脑子里闪现出什么想法，他顿时满脑子都是这件事，尤其当心怀热情时更是如此。因此，需要老师运用技巧和艺术帮助孩子在学习的时候清除脑海里的杂念，为他即将学习的内容腾出空间，从而使他能够专心致志地吸收所学，否则这些内容不会在他们的脑海中留下印象。孩子的天性决定了他们的思想飘忽不定,任何新奇的事物都可以吸引他们。一旦有什么风吹草动,他们立刻就想去尝试,而后很快又会感到腻烦。他们对同一件事情很快会感到厌倦,因而他们所有的快乐几乎都是建立在变化与多样化之上的。所以,想让他们的思想固定不变,是违反天性的。不知是由于他们大脑的特点,还是他们野性未脱、敏感多变,孩子们还不能很好地控制自己的思想。显而易见,让孩子把思想专注在同一件事情上,对他们来说是很痛苦的。保持持久稳定的注意力对于孩子来说是最难的任务之一。因此,老师要想让孩子达到目标,应该先努力把目标本身变得尽可能有意义、令人愉悦,至少他应该当心不要把令人扫兴或恐惧的观念带进来。如果孩子们遇到自己不喜欢、不感兴趣的书籍,毫无疑问,他们没法专心致志,因而会去寻找更能令他们开心的娱乐活动。如此一来,便会不可避免地落得游手好闲。

我知道老师们常常用这样的手段,努力使孩子保持注意力,让他们专注于正在做的事情,那就是一旦发现孩子有一点开小差,便加以斥责和纠正。但这种做法必定会适得其反。老师激烈的言辞和打击会让孩子充满恐惧和错愕,他们的脑海顿时会被这些负面情绪充斥,而没有任何空隙去记住其他事情。我认为,读到这一段的人都一定会回忆起父母或者老师的粗暴无礼和严厉言辞对自己造成的伤害,当时脑子因此变得一片空白,丝毫记不得说了什么、听到了什么。他顿时陷入茫然,脑海里困惑不安,在那种状态下再也无法注意到任何事物了。

诚然,家长和教育者应该通过教育让孩子心存敬畏,从而树立权威,以此来管束孩子,但他们一旦获得了对孩子的管束权以后,就应当极为审慎地使用这种权利,别把自己变成田里的稻草人,让孩子见到你像鸟儿见到稻草人似的,浑身发动四散而逃。这种严厉的管束方式,对家长和老师来说简单易行,但对儿童教育来说没有什么实际效用。当孩子内心带有强烈的情绪时,他们是学不进任何东西的。尤其当他们感到害怕时，强烈的情感会对他们幼小的心灵造成强烈的冲击。想让孩子听得进你的指令或者学到知识，你就得让他们保持放松、冷静。正如你没办法在晃动的纸张上书写规范的字，你也没法让一个内心惶惶无措的人写出规规矩矩的字。

持续地抓住孩子的注意力要靠老师运用技巧，一旦掌握了这项技巧，这位老师就一定能让学生按照目前具备的能力快速取得进步；反之，他的一切努力都会收效甚微，甚至白费。要成功抓住孩子的注意力，老师首先应该（尽可能地）让学生了解所教授的知识是有用处的，让学生知道可以运用新知识去完成以前不能完成的任务，而完成这项任务能让他感觉到自己比没有学过的人更有实力、更有优势。为了达到这一目的，老师应在教学过程中让学生增添一些乐趣，态度上和蔼一些，让学生感觉到他是喜爱他们的，一心一意为了他们好，这是赢得孩子爱戴的唯一方式，能够让孩子喜欢这门课，享受所学的内容。

专横粗暴的教育方式只能针对孩子屡教不改的情况。至于其他的情形，则应该温柔地批评指正，并且，好言相劝更容易让人接受，因而更能达到效果，甚至能很大程度上预防叛逆，因为有时粗暴的对待反而会让原本乖巧听话的孩子产生抵触情绪。的确，为了改正孩子顽固和不长记性的劣习，我们甚至应该不惜动用拳头。但我认为，学生的刚愎任性通常是教师粗暴蛮横的结果。更何况，如若不是那些孩子从那些不必要的，甚至错误的粗暴管教中学会了乱发脾气，变得厌恶老师，进而讨厌这门课，那么至少对大部分孩子来说，是犯不着用上拳头教育的。

粗心、健忘、意志不坚定、三心二意等毛病，是孩子的天性造成的。因此，当他们不小心犯错的时候，我们应该从旁温柔提醒，给他们时间慢慢改正。倘若孩子每犯一次这样的错就惹来老师的动怒和责罚，那责罚和批评的频率就未免太高了，久而久之，学生们一见到老师就会感到恐惧和不安。单凭这一点，就足以让学生从他的课上学不到知识，也足以让他所有的教育心血都白白付出了。

孩子犯错时心怀忐忑，这时若不断地用温柔和鼓励的话语抚平他的内心，则能够激励他们更加主动地学习，让他们感到听老师的话是一件乐事。这样会拉近孩子与老师的情感，让他们喜爱老师，视老师像朋友一样亲近，珍惜老师的教诲，能够明白老师的良苦用心。如此这般，孩子和老师在一起的时候，就能够身心放松，大脑完全准备好接收和记忆新的知识；反之，如果孩子不具备这样的状态，他们和老师所做的一切都是白费——情绪不安，学习效果甚微。

160. 如果让孩子在学习英语的同时，穿插着学些拉丁语，那么他对拉丁语会有一个基本的印象，之后就可以开始进一步阅读一些难度低的拉丁语书籍，比如查士丁或者尤特罗比阿斯[①]等的著作。为了降低阅读和理解的难度和复杂性，可以让孩子根据兴趣自学一些英语译本。也不要用死记硬背这一条来吓唬任何人。若是仔细思考一下，就会发现死记硬背在语言学习中无可辩驳，因为这就是学习语言之道。语言学习只能靠记；哪怕死记硬背不能让一个人说一口完美的英语或者拉丁语，只要他对这门语言有一定的记忆，即便他不懂语法规则，哪怕说不流利、没掌握语言技巧，也能够说出一些恰当的表达和谚语。如果有谁告诉我掌握语法规则有助于学习语言，我很乐意支持这个观点。语言不是法条也不是艺术创作，而是偶然形成的，蕴含在人们的日常使用中。语言学得好的人，无非是掌握了日常使用规律。凭借记忆力，在日常交往中记住并运用语言，就可以说学得好。换句话说，学习语言就是要靠背和记。

这时，很可能有人会问，这么说来，学语法没用吗？那些绞尽脑汁，把语言归纳为若干语法规则和语法现象的人，那些花费精力总结出各种词、句、

[①] 查士丁（Justin）、尤特罗比阿斯（Eutropius）均为古罗马学者。——译者注

篇变化规则的人，都是在枉费力气，做出来的东西不值得任何人学习吗？我并不这样认为，因为语法也有它的重要性。但我想我可以说，对于语法强调得过多了，也是一种不必要。那些深受语法折磨的人，有些还不该到操心学语法的时候，我的意思是，这是孩子们到了语法学校才该考虑的问题。

用死记硬背的方式学会的语言对于日常生活和一般商业上的交流足够了，这一点不言自明。不仅如此，那些优秀的、与有教养的人长期相处的女性，也通过普通而自然的方式告诉我们，即便没学过语法、不了解语法知识，她们也能表现得言语得当、举止温文尔雅。她们有些虽说不懂"时态""分词""副词""介词"，却能够说话得体、用语正确（如果我评价她们跟乡村小学校长差不多，她们还会以为这是在贬低她们），就像大部分在语法学校接受过普通教育的绅士一样。因此，我们说语法在某些情况下是可以不学的。那么问题又来了，哪些人应该学习语法，什么时候应该学习语法呢？对于这个问题，我的回答如下。

人们学习语言是为了普通的社会交际或日常的思想沟通，此外并没有什么进一步的用处。因此，通过日常交谈的方式来学习语言这一原始方法不仅能够很好地达到目的，而且也因为它最高效、最恰当、最自然，不失为一个较好的方法。所以，单就这一目的而言，人们也许可以答道：语法学习并非必需。对于这一点，我的许多读者不得不同意，因为他们明白我此处说话的含义，大家在与别人交谈的时候，即便他从来没学习英语语法也能够了解对方的意思。我相信大部分英国人都是这样，我还没有听说他们之中有任何人是通过语法规则学会母语的。

此外，还有一类人，他们大多数是靠嘴巴和笔杆子营生；如果方便的话，他们最好能将话说得合适又正确（虽然非必需），这样才可能将自己的想法更加容易地灌输给别人，并且令他人印象更加深刻。鉴于此，对于一个绅士来说，不论说什么，仅仅让人听得懂是不够的。除了研究有助于提升口语表达的法子，他还应该研究语法，必须是自己母语的、正在使用的语言的语法，以使他准确无误地理解本国语言，谈吐得当，避免使用一些语法不通的、冒犯人的不合规的话，使听者感到刺耳。从这个目的来看，语法学习就是必要的。但是仅限于他们自己固有的语法规范，只限于那些有意愿花费精力打磨语言、使之完善的人。是否所有的绅士都需要这么做，我暂不下结论。显然，语法失当、失准通常被认为是不符绅士阶层的身份的，并且常常会给这个人带来缺乏教养、交友不慎等负面评价，这与他的身份是格格不入的。如果人们认可这种说法（我姑且假定这种说法是对的），那么逼着年轻人去学习已经死亡的外语语法，而从来没有人将他们本国的语法告诉他们，这就很奇怪了。他们往往不知道还有母语语法这回事，更谈不上去做教学、做研究了。也没有谁告诉他们母语的语法值得花心思钻研，虽然他们每天都会用到，而且在未来的生活中母语谈吐优雅或者拙劣常常被人们当作评价他们人品的标准。至于他们曾经研究过语法的语言，日后也许很少有说和写的机会，即使有了使用的机会，他们使用不当的错误也会得到谅解。假如一个中国人注意到了这种教养方式，岂不会一心认为我们的年轻绅士都是被教育去当外国死语言的语法教师、专家学者，反而疏忽了自己的母语吧？

  还有第三类人，他们致力于研究两到三门已经死亡的外语，我们又称之为习得的外语，并铆足劲提升这些语言技巧。毫无疑问，凡是带着这种劲头学习任何一门外语，并想要达到精通的人，都应该仔细研究其语法。请不要误会，我在这里并没有贬低希腊语和拉丁语的价值的意思。我承认它们都是非常有用、非常优美的语言，只不过对于完全不了解这两门语言的人来说，他们在这方面断然不会有很卓越的建树。但倘若一位绅士仅仅想从罗马和希腊作家的作品中获取知识，我认为他不必研究这两门语言的语法，只要通过阅读就能够达到目的。至于他在什么时候、应该多深入地学习相关的语法和精确的表达，将由他在今后的使用中根据必要性自行决定。这就把我引向了另外一个问题——什么时候学语法合适？

根据前面所述，答案显而易见。

如果在任何时候应该教授语法，那必须教给一个已经会说这门语言的人，否则怎么能教得会呢？这一点，至少可以从古代那些智慧、学术发达的国家找到证据。他们把学习母语语法而不是外国语言，作为教育的一部分。希腊人认为希腊以外的国家都是蛮荒之地，并且轻视他们的语言。尽管直至罗马共和制末期，希腊的学问备受推崇，罗马年轻人研究的还是罗马人的语言。他们使用自己的语言，因此他们学习和练习的也都是自己的语言。

但是，具体要确定什么时候合适教语法，我认为它应该在学习修辞之前，除此之外我看不出有什么更好的时机了。当一个人认为是时候注意润色自己的语言，是时候展现自己的语言优于未受过教育的人时，这就是他该学习语法规则的恰当时机了，不宜过早。语法不是教人开口说话，而是教人如何正确地说话，并且按照语言的语法规则准确地表达，这是使语言优美的要素之一。倘若一个人不求说话优美，那么学习语法对于他来说就没什么用处了；如果不需要修辞，语法学习也可以省了。我想不通有哪个既不想成为批评家，也不想发表演讲、做文章的人，却想要浪费时间，为拉丁语伤脑筋。当一个人发自内心地，或者为了满足某种情感去学习某一门外语，并且想要非常精准地掌握这门语言的知识，他应该花足够的时间研究相关的语法。如果他只是想要看懂用这些语言写的书，而不是想要精通这门语言，我先前说过，单是通过阅读就可以达到目的，没必要煞费苦心学习那些复杂而精密的语法规则。

161. 为了让孩子练习书写或写作，可以让孩子时不时地将拉丁语翻译成英语。但是如果拉丁语的学习仅限于拉丁语单词的学习，对于大人和孩子来说都是寡然无味的，因此需要尽可能地在教学中增加一些真实的知识。刚开始时，同样也应从身边那些耳熟能详的事物讲起，比如矿物、植物和动物，尤其是关于造房用的木材、果树，以及它们的结构、如何种植等，其中大量的知识可以教给孩子，而且等到他长大以后会发现这些知识仍然多少有用处。地理、天文、解剖相关的知识更是如此。但无论你教他什么，都要注意不要一次教得太多。此外，除了塑造良好品行以外，不要将任何事情当作他的硬性任务；除了制止恶行或者明显的道德滑坡倾向以外，也不要因任何事情责备他。

162. 如果命运决定了他终究要去学校学习拉丁语，可能我现在跟你讲这些我认为在学校里最好能遵守的规则也没什么用处。因为你必须适应那儿的一切，而不能指望学校为适应你的孩子做出任何改变。但是如果可能的话，你要想尽一切办法避免孩子花大量精力在各种拉丁作文和辩论上，尤其不要涉足任何形式的诗歌。如果这个法子奏效，你就该坚持表明立场：你并不打算把孩子培养成拉丁语的雄辩家或诗人，只要让他能够完全读懂一个拉丁语作家的作品就行，而且根据你的观察，那些教授现代语言并且成绩卓著的老师，从来不以让学生成为法语或意大利语的演说家或诗人为乐，他们聚焦于语言本身，而不是构想。

作文

163. 为什么我不让孩子去练习作文和作诗呢？我再跟你多做些解释。首先，谈到作文，它们打着实用的旗号，声称能够教人们围绕任何主题发表一番高见。假如真能通过作文达到这一目的，不可否认，这将是一大优势。能够在各种场合下根据当时的目的，侃侃而谈，对于一个绅士来说，没有什么比这更不可或缺，而在生活中，也没什么比这更加实用了。但是我要指出，一般学校里采用的作文教学，无助于实现这一目标。只要想一想作一篇文章需要我们的年轻人做哪些事情便心知肚明。无非是让他们就一些拉丁谚语写一篇演说词，比如"爱情战胜一切"或"战场上不允许犯两次错"而已。可怜的年轻人，他们对那些自己将要讲述的、那些需要付出时间观察方才能懂得的主题毫无概念，但又必须得苦思冥想、无中生有。这简直是一种埃及式的暴政，让那些没有制砖材料的人凭空造出砖头来。因此，常常会有可怜的孩子们去找高年级生求助，请求前辈给予一些灵感。这种情形究竟是合理还是荒谬的，很难定论。一个人在具备能力就任何话题发表评论之前，首先要熟悉这个话题；否则，硬逼着他去说出一二，如同让盲人谈论色彩、让聋人谈论音乐一样愚蠢荒谬。如果有人让一个不懂我们法律的人，在我们的民众集会上去辩论法律问题，你不觉得他有毛病吗？那么我请问，那些学生对于课程中要求的所谓激发和锻炼想象力的文章主题能有什么了解呢？

164. 其次，想一想这些年轻人作文用的语言，那是拉丁语，这门语言不仅对于他们国家来说很陌生，在世界上也已经死亡很久了。令郎一旦学了这门语言，千分之一的机会才用得上它，从他出生到成年可能都没有机会去用它做演讲，而且这门语言的表达方式跟我们国家的语言很不一样，即使把它学到极致，对于提高孩子的英语准确度和应用能力一点帮助都没有。此外，我们现今英语商务中不流行而且也没人做命题演讲，因此我找不到学校开设类似课程的理由，除非命题式的拉丁语作文是做好英语即兴演讲的必要途径。我认为想要做好即兴演讲应该是就相关的话题，切合他们年龄和能力，提出一些合理而有益的问题，这些话题不能是他们完全不了解或者是偏离生活轨道的。当孩子成熟到能够胜任此类训练的时候，就可以让他们即兴或者稍打腹稿后谈论某一话题，而不是把任何思考先写下来。我要问，如果我们仔细研究锻炼口才的效果，那些在任何商务场合口才极佳的人、任何时候都能就任何话题展开辩论的人，是习惯于在开口前创作和写下想说的话的人，是仅仅就事论事、局限于字面理解的人，还是那些熟悉即兴演讲的人？只要通过这个问题进行判断，就不会认为让孩子学习演讲和命题作文是年轻绅士走向商业成功的必备途径了。

165. 也许有人会说，学习拉丁语演讲是为了让孩子们提高技能、讲一口流利的拉丁语。诚然，他们在学校里应该把拉丁语学好，但是做即兴演讲不能实现这一目的。因为它让学生思考的是怎样围绕一个话题虚构，而不是围绕所学的单词进行思考；当他们进行演讲的时候，他们绞尽脑汁、搜肠刮肚要去表达的是思想，而不是语言本身。再者，学习并掌握一门语言本身已经足够艰难、枯燥，因此在学习的过程中，不应该再设置任何其他的障碍。退一步说，如果男孩子们通过这种练习能够锻炼语言组织能力，让他们用英语来练，因为他们对英语有足够的知识储备和词汇量，使用母语时，能够更好地看清自己想表达什么。如果非学拉丁语不可，建议让他们学些最简单的，不要把演讲之类的令人望而生畏、吃尽苦头的"硬骨头"加进来。

166. 如果这些可以构成反对孩子在学校里学拉丁语演讲的理由，我还有更多、更有分量的理由来反对他们作诗，任何形式的诗。倘若他没有任何天赋，让他作诗就是最荒唐的事情，折磨人不说，而且浪费时间、成功无望；反之，如果他有作诗的天赋，那么他的父亲为了留住或者进一步培养其作诗天赋而逼着他反复练习，在我看来，也是一件顶奇怪的事。我认为父母应该尽量克制或者打消这些念头；我不明白哪个父亲有什么理由既希望他的儿子成为诗人，又不情愿他蔑视其他一切职务与工作。这还不是最差的情形，因为如果孩子最终成了一个成功的打油诗人，一时间因巧智获得些名气，可想他为之付出了多少时间和努力，不，甚至还会搭上家产——因为在帕纳塞斯山①上挖出金银矿几乎是不可能的。那儿有怡人的空气，却没有肥沃的土壤。鲜少见到有谁能拿从那儿得到的什么东西来扩充家业。作诗和赌博，常常被

---

① 帕纳塞斯山：位于希腊中部，古时被认为是太阳神和文艺女神们的灵地。此处暗指诗人创造不出丰厚的物质财富。——译者注

相提并论，因为两者在这一点上也很像，除了别无选择、走投无路的人以外，人们难以从中获益。有财产的人往往以家败告终，他们只要不输掉全部或者大部分家业就万幸了。因此，如果你不想让令郎成为取悦别人的人，不想让他在别人觥筹交错间成为"下酒菜"，虚度了光阴，如果你不想让他拿宝贵的时间和财富供他人消遣，不想他败坏祖先积累的家业，那么他是否会成为一个诗人，或他所在学校的教师是否将他带入诗歌殿堂，我想，对于此类问题你是不会十分看重的。然而，如果有谁想要让孩子具有诗人气质，觉得诗歌学习可以丰富其想象、健全其人格，他会发现，多读优秀的古希腊罗马诗人的作品比让他自己编造拙劣的诗歌更加奏效。并且，倘若他有志于成为一名优秀的英语诗人，我猜正确的路径也不该是在拉丁语诗歌上做文章。

记忆

167. 文法学校中还有一条庸俗的做法也极为普遍，在我看来毫无用处，除非它是为了给青年学习语言设置障碍。而我认为应该让这种学习尽量轻松、愉快，尽量去除那些令人感到痛苦的部分。我不赞成让他们被迫熟记要求掌握的众多作家的作品，因为我觉得这种方法毫无裨益，尤其是对于他们所从事的事业，更是如此。学习语言只能依靠阅读和交谈，而背诵这些作家的只言片语很难奏效。一个人的头脑里装满了别人的观点，满口之乎者也，堂而皇之做上了学究，实际上却与绅士的品行格格不入。倘若一个人满口全是别人的华丽观点，自己的脑袋里却空空如也，还有什么比这更为滑稽可笑的事吗？其结果只能更加暴露自己的无知，言辞里没有任何优雅，他们自然也不可能成为优雅的演说者，这情形就如同给一件陈旧的土布外套缝上大面积鲜红夺目的红色绸缎补丁一样突兀。的确,当一篇文章(比如古代作家的经典作品)确实有好词好句值得背诵时,千万不要一刀切,该去记忆的不能省,有时用这些名家的作品来训练学生的记忆也未尝不可。但是在他们需要熟记的功课中,若不分青红皂白,见一本背一本,我看不出意义何在。这样做只会浪费时间和精力,因为他们从书本中只能得到无益的麻烦,因而憎恶书本而已。

168. 我听到过这样一种说法,就是让孩子用熟记的方法来认识周围的事物,从而锻炼和提升他们的记忆力。我希望这种说法建立在充足的理性依据基础上,就像大模大样地推行这种做法一样信心十足,我还希望这种实践建立在仔细观察的基础上而不是古老的习俗之上。显而易见,好的记性取决于好的天赋,而不是机械地重复。为了避免遗忘,我们的的确确要有意识地让大脑去记一些东西。我们不断地重复、回忆,往往也可以将事情记住,但归根结底要看个人记性本身的强度。举一个形象的例子,刻在蜂蜡或铅材上的印象不会比黄铜或钢铁上的持久。的确,如果不断地重复、唤起,我们的记忆会更加持久。然而每一次反复又都是一次新的记忆,你想知道大脑记住了多久,就得从新的印象开始算起。想要通过死记硬背的方法将拉丁语一劳永逸地刻在脑子里,并不比想让刻在铅材上的字母永不磨灭来得简单。如果死记硬背能够加强记忆、改善记忆,那么这些人必须先要有一个好记性和一个最恰当的引路人。然而,这种记忆拉丁语只言片语的法子,能否也同样适用于记忆其他事物,他们的记性得到的提升是否能与为之付出的努力成正比,仍有待于实践的检验。记忆在人生的各个阶段和各种情况下都必不可少,少了它将一事无成。如果训练可以增强,我们则不用担心缺少训练会让大脑反应迟钝、不记事儿。我的担心是大脑的记忆功能并不能通过任何训练或努力得到大幅增强和全面改善,至少在文法学校中站不住脚。要是薛西斯[①]果真能

[①] 薛西斯(Xerxes):古波斯帝国国王。——译者注

在一千多个人的军队中叫出每一个士兵的名字，我想那一定不是因为他小时候在文法学校背课文的功劳。这种靠背诵只言片语来锻炼和提升记忆力的方式，就我所知，在王子的教育中很少运用，倘若真有它所声称的优势，则王子对此的重视程度应该不亚于那些最低微的学生才是。王子也和所有人一样，需要良好的记忆力，他们的能力并不比其他人超群。虽然没有人在这方面留意过。凡是大脑专注和留意的一切，都能够很好地被记住，原因我前面提过。用对方法加把握本质规律，对于再差的记性也有帮助；采用其他方法的人，尤其是试图通过盲目背诵别人的话语而自己却并不专心的人，我看，效果只能是事倍功半了。

　　我在此处的意思并非反对训练儿童的记忆，而是认为针对儿童的记忆训练方法不应该是死记硬背书本中的只言片语，书上的内容一教完，任务就结束，要求背诵的那些文章又被抛之脑后，再不去理会。这种办法不仅不能够增强记忆，也不能够增强心智。他们对于名家名篇应该记些什么，我在前面已提及。一旦让他们去记这些睿智而有用的好句好篇之后，绝不能让他们将其从记忆中抹除，而应该常常让他们说明其中的意义。如此一来，除了口头背诵，对他们未来的生活也有益处，因为背诵的内容大多来自好的规则和细致的观察。他们还会学会经常反思，学会甄别哪些材料值得记忆，这是使记忆变得快速有效的唯一方法。时常反省会让他们的心理始终保持在健康的轨道上，避免无目的无意义的漫游。因此，我认为最好可以安排他们每天去记一些事，当然这些都应当是值得记的事，这样无论何时回想起来或者努力搜寻记忆时，都不会断片儿，同时还会促使他们将所记之事内化于心，这是多么不可多得的学习好习惯呀。

169. 但在孩子最稚嫩和可塑性最强的阶段负责教导孩子的人，必须是在教育当中把拉丁语和语言放在最次要地位的人。任何认识到美德和良好品行对于学习或者语言学习有多么重要的人，都会把学生的思想品行、人格修养作为头等大事。一旦学生养成了良好的品德修养,即便其他方面的教育有所疏忽,假以时日,也一定能触类旁通;反之,倘若没有塑造出良好的品行修养,没将坏习惯屏蔽,无论是语言学习、科学研究还是教育的其他方面都会失掉原有的意义,甚至会培养出危害社会的垃圾人。确实,人们为了学习拉丁语而被弄得焦头烂额,认为这是重大而困难的工作。其实他的母亲每天只要能花两到三个小时,督促孩子给她读拉丁语版的《福音书》,她就可以自己教了。她只需要买一本拉丁语版的《圣经》,让人找出多音节的拉丁语单词,并把倒数第二个是长音的音节注音,就能让她掌握发音规律、正确读出重音了。每天阅读时,应尽量避免以拉丁语去理解。如果母亲能弄懂拉丁语版的《福音书》,用同样的方式,让她去读《伊索寓言》,继而去读《尤特皮斯》《贾斯汀》[①]等一类的书籍。我之所以提到这个想法,不是毫无根据地空想,而是确实知道有人实践过这种法子,并轻轻松松地学会了拉丁语。

回到我刚才的话题上:承担教育年轻人,特别是年轻绅士的人,不光要具备拉丁语的素养,也不光要了解一些文科知识,他还应该是一个品德高尚、做事严谨、是非分明、性格温和、处事有方法的人,在与学生的交谈中,总是庄重自如、和蔼可亲。不过这方面的要求我已经在别处说过了。

170. 前面提到,一个儿童在学习法语和拉丁语之余,也可以学习算数、地理、年代学、历史和几何。如果这些科目能用法语或拉丁语来教授,那么他一旦学会了这两种语言中的任何一种,他就可以在学习语言的同时,获得这些学科知识。

---

① 拉丁语初学教材。——译者注

文化课设置及学习方法

地理

我认为可以先从学习地理开始：学习地球的地貌、世界四大洲[①]的地理位置与分界，以及某些特殊王国与国家的位置与国界，这仅仅是一种对于儿童的视觉和记忆力的训练，孩子一定会乐于学习并且记住这些知识的。这一点我确信，因为我现在住的宅子里就有一个孩子，他的母亲应该就是用了这种方法指导孩子学地理，收效很好。孩子不到六岁，就知道了四大洲的地理疆界。如果有人问他，他能够指出哪个国家在地球仪上的位置，也能够在英国地图上指出各郡县所在的位置；能够认识世界上的一切大江河、海角、海峡和海湾；能够找到任何一个地方的经纬度。我承认，他应该从地球仪上学的不只是用眼睛观察、用头脑记忆的知识。然而，这是很好的开端和准备，一旦他的判断力足够了，余下的学习就会容易得多。此外，他现阶段的时间充裕，可以通过正确利用孩子的求知渴望，引导他在潜移默化中学会语言。

171. 当孩子记住了地球仪上的自然地理相关知识之后，就可以开始学习算数了。所谓自然地理相关知识，我指的是世界上的陆地和海洋的地理位置、不同的名称和国家分界、专供地理科学的改进之用，而不是那些人为的、想象的界限。

[①] 四大洲为当时的陆地划分方式，即亚洲、欧洲、非洲和美洲。——译者注

数学

172. 数学是最简单的抽象逻辑思维训练,因此也是首当其冲的,它是大脑常用的一种思考习惯——在日常生活和工作中常常用到,缺少了它,任何事情都做不成。的确,一个人不可能在算术方面足够精通、足够完美。因此他一旦具备相关的能力,就可以尽早地学习数字;每天练习,直到熟练掌握数的技术。当他理解了加减法,就能够进一步学习地理,当他掌握了两极、时区、纬线和子午线的概念,学会了经度和纬度,了解了地图的用途时,通过地图上标注的数字去了解各个国家的位置,以及如何在地图上找到相应的位置。当他熟练运用这项技能后,便可以开始学习天球仪,这又涉及各种圈的学习,尤其要结合对黄道和黄道带的观察。将这些概念完全弄明白之后,便可以学习星座的形状和位置,不妨先在天球仪上演示,然后再转向天空中的实物。

天文

任务达成后,他会熟知我们所在的半球能望见的星座,这时就可以再传授一些关于我们这个行星世界的概念了。为了达到此目的,不妨向他普及一些哥白尼的学说,向他解释行星的位置,它们与其所公转的对象太阳相距多远,这样可以通过最简单自然的方式让他理解天体的运行和基本原理。既然天文学家不再怀疑行星围绕太阳运行,他就应该从这种假设出发,因为这样对于学习者来说不仅是最简明、最节省思考的,也是最符合真理的。不过,和其他方面的教导一样,教授儿童时,应该格外小心,要从直白、简单的地方开始,以此教授的内容尽量要少,而且要等到他们的大脑牢牢掌握这些知识后再教下一课,或者其他新的知识。刚开始先教他一个简单的知识,看他能否正确掌握、充分理解，然后再增加一些简单的知识，逐步铺垫，逐步实现教学目标。如此循序渐进，孩子们无须费力就能够获得启蒙，他们的思想也会得以开拓，远超预期。此外，一个人要想巩固记忆所学的知识，并保持继续学习的动力，最好的方法就是让他把学到的知识再传授给别人。

几何

173. 如前所说，当他对地球仪和天球仪有一定的了解时，他便具备能力去尝试几何学习。我认为这一阶段，欧几里得的前六本书足够学了。因为我一直怀疑，对于一个商人来说学习更多几何知识是否有必要或有益处。至少，如果他对此有天赋并且感兴趣，在老师教导了上述内容之后，他便能继续自学。

因此，学习地球仪和天球仪是必须的，而且要勤于学习。我认为如果老师能够仔细甄别哪些适合孩子学习、哪些不适合，这样的学习还可以尽早开始。这里有一条规则，也许在很多场合都适用，也就是，任何知识，只要是孩子具体可感的，都可以教，特别是他们肉眼能见到的，作为他们记忆力的训练。所以，一个儿童只要能感知自己住在家中的哪间房间，那么他通过观察地球仪，就能够了解赤道、子午线、欧洲，以及英格兰在什么位置，前提是一次不要教太多，也不要急于灌输孩子认知能力以外的事物，直到他能够完全掌握并记住所教的材料。

年代学

174. 在学习地理的同时，就应该着手学习年代学了。我是指年代学的总论，以便孩子在脑海中有整体的年代观，了解在历史上造成深远影响的几个时代。历史是培养审慎人格和公民知识的重要补充，因而正确掌握年代观和重要时代这两点应该是每一个绅士、每一个事业家所必不可少的。如果一个人不学习地理和年代学，我断言他的历史一定学不好，难以致用，最后脑袋里只落得一堆史料的堆砌，毫无章法、缺乏教益。有了年代学与地理，可以将人类的活动按照时间和国别归入适当位置，这样一来，不仅那些活动更加容易记住，而且在自然的顺序下，能够更便于观察，从而使人在阅读相关材料时增长智慧和才干。

175. 当我谈到年代学作为一门学科，必须让孩子熟练掌握时，并不包含其中对于细枝末节的争议。这种争议是无止境的，而且其中大部分对于一名绅士来说无关紧要，即使他有能力轻而易举做出判断，也不值得去探讨。因此，所有那些年代学家学术性的争论与喧嚣都应当避免。我觉得这方面的学习中最有用的书是斯特劳奇乌斯[①]的一篇小论文，共印刷了12次，书名叫作《年代学简史》，这本书精选了年轻绅士关于年代学所必备的知识，对于学生来说不会有太多的认知负担。他将所有一切最著名和最有用的时代都简化为儒略历[②]，这是年代学中所能用到的最简明、最可靠的方法。除了这本书，埃尔法格斯的年代表[③]也值得推荐，这是一本在任何场合都用得上的书。

历史

176. 没有什么比历史更有教益，也没有什么比历史更有趣味。历史的

[①] 斯特劳奇乌斯（Giles Strauchius）：16世纪德国学者，韦登堡大学教授，著有《年代学简史》。——译者注

[②] 儒略历（Julian Period）：又称旧历，是儒略·凯撒为改革罗马历而建立的记日系统。自1582年提出格里高利历以来，儒略历已被逐渐抛弃。——译者注

[③] 埃尔法格斯（Helvicus）：16世纪德国学者，吉森大学神学教授，著有《历史编年记》。——译者注

教训适合推荐给成年人去研究，历史的趣味我认为最适合传达给年轻人。一旦他学了年代学，知道了本国所经历的几个朝代，并在儒略历上找到对应时期，他就应该去学一点拉丁语的历史了。要选择平易的文本，这样不论他从哪里开始，借助于年代学，他的阅读都可以条理清晰。此外，题材有趣，他便有兴趣读下去，在不知不觉中习得语言，而不至于像一般孩子那样遭受可怕的挫败和不安。倘若仅仅为了学习罗马语言而让儿童在阅读超出能力以外的书籍，诸如罗马演说家和诗人的作品时，儿童往往会有这样的感受。一旦儿童读过并了解了较易理解的作家如查士丁、尤特罗比阿斯、昆塔斯·库奇乌斯等①的作品，他再去阅读稍难理解的作家作品就不会感到那么困难。从平易简单的历史材料入手，循序渐进，他最终便可以阅读最晦涩难懂的拉丁语著作，诸如西塞罗，维吉尔②和贺拉斯③等拉丁语名家的作品。

伦理学

177. 从一开始，在他力所能及的事情上，就该多通过实践、少依靠规则去学习德行的知识。如果他能养成爱惜名声的习惯、摒弃贪恋私欲，我不知道除了《圣经》之外，他是否还需要再读任何其他什么有关道德的论文。此外，我也不知道在他能够阅读西塞罗的《论义务》之前，他是否应该掌握伦理学的体系，我指的不是像学生学习拉丁语那样，而是作为生活的指导和

---

① 昆塔斯·库奇乌斯（Quintus Curtius）：早期罗马历史学家，著有《伟大的亚历山大》。——译者注

② 维吉尔（Publius Vergilius Maro，又称 Virgil，公元前70—公元前19年）：古罗马诗人，其作品具有历史感和思想的成熟性。——译者注

③ 贺拉斯（Quintus Horatius Flaccus，又称 Horace，公元前65—公元前8年）：罗马帝国奥古斯都统治时期著名的诗人、批评家、翻译家，与维吉尔、奥维德并称为古罗马三大诗人。代表作有《诗艺》等。——译者注

原则。

法律

178. 当他充分消化了西塞罗的《论义务》,继而学过了普芬道夫①的《论人类和公民的义务》之后,他就应该去读格老秀斯②的《论战争与和平法》,或者是普芬道夫的一本更好的书,叫作《论自然法及国际法》。书中论及人的自然权利,社会的起源与基础,以及由此产生的各类职责。绅士们不光要接触这类关于民法和历史主要部分的研究,更应该经常全神贯注地投入其中,终身探索。一个品德高尚、举止良好的青年,且能够精通民法概要(它所涉及的不是民事纠纷中的诈骗,而是建立在理性基础之上的文明国家之间的交往和事务),并且精通拉丁语,能够写一手好字,这样他一定可以脱颖而出,有充分把握谋得职业,处处获得尊重。

179. 这倘若有人认为一个英国绅士不必了解他本国的法律,这还真是离谱。不论身居何位,法律知识都是必不可少的,从地方治安官到政府部长,我还没听说过哪份职业不懂法律能做得好。我指的不是法律当中狡黠、诡辩、吹毛求疵的部分。一个绅士的职责是要寻找是非的真实尺度,要能够分清楚是非黑白,而不是偷奸耍滑、趋利避害——这是他应当极力避免的,这个决心应当同他报效祖国的愿望那样热烈。为了达到目的,我认为一个不打算以法律为业的绅士研究法律的正确途径是:去浏览一下我们的英国宪法以及古书上不成文法关于政府的论述,以及稍微接近现代的法律作者关于政府的论

---

① 普芬道夫(Samuel Pufendorf, 1632—1694):德国法学家和史学家,17世纪德国法哲学的开创者。其著作《论人类和公民的义务》是曾被欧洲各大学当作法律和哲学专业基础教材达100多年之久的不朽之作。——译者注

② 格劳秀斯(Hugo Grotius, 1583—1645):近代理性自然法先驱,国际法鼻祖。——译者注

述。获得了正确的观念以后，再去读我们的历史，结合着法律制定的时代背景去理解。这种做法可以让我们了解法律制定的原委、真实依据以及重要意义。

修辞和逻辑

180. 在常见的学习方法中，学完语法接着就学修辞和逻辑，因此可能会有人质疑为什么我在这里谈得那么少。我的理由是，年轻人学这些没有什么益处。因为我很少，甚至从来没有见过哪个人能够通过所谓的掌握修辞和逻辑规则来很好地掌握说理的技巧，或者把口才变流利。因此，我会让年轻绅士简单了解相关概要，而不要在正式的学术问题上做过多的思考和钻研。令人信服的逻辑不是建立在预设和臆断的基础上，也不单靠谈话套路或修辞本身。但是以我的经验还不足以再做更深层次的探讨。因此，回到我们刚才谈论过的内容上，如果你希望你的儿子有很好的逻辑思考能力，不妨让他去读契林渥斯①的作品；如果你希望他拥有雄辩的口才，让他多读西塞罗，从而真正了解什么是雄辩；你还可以让他阅读那些优秀的英文作品，以使他的英语达到纯正优雅的境界。让他读读这些优秀作品的英语翻译版本，以便用本国的语言形成自己的演讲风格。

181. 如果培养良好的逻辑思维能力的用途和目的是养成正确的善恶观，教人明辨是非，并以此来约束行为，那么千万别让孩子在吹毛求疵的氛围和程式中成长，既不要他自己这么做，也不要让他去羡慕这么做的人。除非你不想让他成为一个贤明之士，而是希望他是一个无足轻重的争辩者，咬文嚼字、固执己见，以到处挑刺找碴儿为荣的人。或者沦为更坏的情况，怀疑一切，

---

① 契林渥斯（William Chillingworth，1602—1644）：英国宗教活动家，著有《新教的信仰》。——译者注

不相信有真理可寻，只相信有争辩中的胜者。世界上最虚伪，也是与一个绅士或者任何一个自命为理性生物最不沾边的事情，莫过于不服从显而易见的道理，不接受清晰明了的论点。他们总是认为，没有什么事情比不向一个已然十分圆满的答案低头更接近文明交谈和辩论的了。在他们看来，所有的答案并非无懈可击，只要能用模棱两可的观点修饰自己的论点，不论是切题的、不切题的，有道理或者没道理的，哪怕是与自己先前的观点自相矛盾，皆可用来佐证。简言之，这就是逻辑的方式与目的，即反方永远不接受正方的回应，正方也永远不接受反方的论证。双方谁也不会让步，不论哪一方的观点的确是真理或真知。除非他甘愿被视为辩论中的弱者，承受观点被推翻的羞辱，这就是辩论的主要目的和荣誉所在。探明真理需要通过对事情本身的成熟和恰当的思考，而非杜撰的词语和辩论的方式。这种强词夺理、断章取义的做法，是一种最无用、最令人厌恶的谈话方式，绝不会使人发现真理，对于一个绅士或者一个热爱世界上一切真理的人来说，是最不合宜的。

　　对于一个绅士而言，不能够运用书面或口头语言很好地表达自己，可谓是非常大的硬伤。不过，也许我可以跟我的读者求证，询问在他们的领地上，是否有哪位可以称得上绅士的人讲不好故事，在生意往来中表述不清楚、不能令人信服的。对于这一点，我认为他们没有错，错在教育；坦率地说，我必须承认我的同胞具有这样的优势，只要他们下决心肯做的事情，我没见过他们能被自己的邻居赶超。有人教他们修辞，却没人教他们如何用最常用的本国的语言去体面地交谈、写作，他们所受的教导方式好像是只要能弄清楚演说家讲稿中所用的修辞，就能够掌握演讲的诀窍和最佳技巧似的。演讲和其他任何需要实践的事物一样，不是光靠了解几条或很多条规则就能掌握的，而是按照正确的方法，更确切地说是套路，通过大量的练习和运用，逐渐养成一种优秀的习惯、一种才能。

叙事

迄今为止，大家都认同，一旦孩子具备讲故事的能力时，也许不妨让他去练一练，通常是要他们讲一讲自己知道的事情。刚开始，要纠正他们最容易犯的在衔接上的错误。等到改正以后，再逐个指出更次要的错误，让他们一个接一个地改正，直到最后所有的至少是大的错误都被改正。当他们能把故事讲得很好了，就可以让他们去写。《伊索寓言》是我所知道几乎唯一适合孩子的读物，可供他们练习英语写作时参考，也适合作为他们拉丁语入门时的阅读和翻译材料。当他们完全克服了语法错误，能够将一个故事的若干部分组成一篇连续的、前后呼应的文字，并且不在过渡之处显得突兀、不自然（这种情况常常发生），那时若有人想要更进一步，希望他们不费力气做到出口成章，他第一步可以向西塞罗求助。西塞罗的第一本书《论创造》的第二十节介绍了掌握雄辩才能的规则，可以让他们将规则运用于实践，从而更直观地去感知一个好的叙事从主题和设计上来看，其技巧和优雅何在。每一个规则都能找到对应的例子，从例子当中他们能看到别人是如何实践的。古代的经典作家提供了许多此类范例，这些范例不仅可以用于翻译练习，也可以放在他们面前用于日常模仿。

当他们理解如何写出衔接恰当、用词规范、逻辑清晰的英语文章，熟练地掌握了为大众所接受的叙事技巧后，就可以进阶一步，开始写信。在写信的过程中，他们不应该将心思放在表现巧智或客套上，而应该学习用最简单平易的语言表达自己，避免前后不一致、避免使用有歧义或粗糙的语言。当他们完美地掌握了这一点，就可以瓦蒂尔[①]为榜样，更进一步去提升思想高度，

[①] 瓦蒂尔（Vincent Voiture，1597—1648）：法国诗人，书信作家。——译者注

用问候的、欢快的、揶揄的或者插科打诨的信件去慰藉远方的朋友。同时还可以拿西塞罗的书信来作为商务往来和日常交往的最佳范例。书信与人类生活的方方面面息息相关,没有哪一个绅士能够避免用到写信。他在日常生活中的各种场合免不了要动笔,表达是否得体,其结果不仅影响到他的事务,还反映了他的教养、观念和能力,比在交谈时的检验更为严格。在交谈当中,他一时的错误多半在说完话之后就可以烟消云散,因而不至于受到严格的评论,比较容易逃脱人们的关注和审查。

如果教育方法都是向着正确的目标,既然用拉丁语作文、赋诗之类毫无用处的任务都可以频繁地强加给儿童,让他们在力所不能及的事情上劳神费力,在非自然的困难下愁眉不展地学习语言,那么人们势必会认为写信太有必要了,不可能去忽视它。但是既然传统上已经习惯于这么做了,谁敢违背呢?理智地思考一下,谁会期待一个博学多识(对法内比①的《修辞学》上的一切比喻和修辞信手拈来)的乡村教师去教学生用英语流畅地表达自己的想法呢?这位教师的大脑里也许压根儿也没有这种念头,学生的母亲(对逻辑和修辞学体系一窍不通的村妇)也能比他教得更好。

正确地书写和会话,可以增添人的魅力,使别人乐于关注他的观点。既然英国绅士常用的是英语,那么他应当把英语能力的提升放在首要地位,把主要精力放在打磨和完善英语文体上。他的拉丁语比英语写得好或说得好,也许会被大家津津乐道,但他自己会发现每时每刻都要用到的母语说得好才能达到表达自我的目的。相比之下,那些空洞无物的赞誉一点也不重要。我发现这一点普遍被忽略,无论何处人们都不注重增进年轻人的母语能力以便充分理解并掌握自己本国的语言。如果我们当中有人母语比一般人说得熟

---

① 法内比(Thomas Farnaby,1575—1647):英国学者,著有多部修辞学和拉丁语语法相关教材。——译者注

练、纯正，应归功于他的机遇、天赋以及其他的原因而不是他所受的教育或老师的指导。对于一个自己从小接受希腊语和拉丁语教育的老师来说，去关心他的学生英语说得或写得如何，是有碍尊严的，尽管他这两种语言学得并不怎么样。希腊语和拉丁语是学者去研究、从教所用的学术语言；英语是目不识丁的人用的语言。然而我们却看到，我们的一些邻邦并不认为公众不应该去提倡和鼓励改进自己的母语，他们认为打磨和丰富其母语并非小事。他们的政府为此建立大学、设立奖学金，从而激起国人雄心勃勃、竞相规范书写。如果我们将他们前几个朝代的情形和现在做对比，就能够看到这些努力的结果，看到他们怎样将或许是世界上最糟糕的语言传到我们这儿。罗马的伟人们每日练习国语；而我们在史册中也看到一些曾任罗马皇帝的拉丁语老师的雄辩家的名字，可是拉丁语正是他们的母语。

很显然，希腊人对母语的掌握程度更优于罗马人。在他们看来，除了他们自己的语言，一切别的语言都是野蛮的，没有任何一门外语值得最博学和智慧的希腊人去研究或重视，尽管他们的学问和哲学毫无疑问也借鉴了他国。

我这么说并不是反对希腊语和拉丁语，而是认为应该去研究这两门语言，并且至少每个绅士都应该做到通晓拉丁语。但是不论一个年轻绅士学了哪种外语（他懂得越多越好），他都应当批判性地加以研究，应当努力将自己的母语表述得熟练、清晰、优雅，为此，他应该天天练习母语。

自然哲学

182. 作为一门思辨科学的自然哲学，我想我们并没有这样的学问，也许我有理由说，我们永远也不能把它变成一门科学。自然哲学要靠智慧去创造，远非我们的发现力和想象力所能及，对我们而言，难以将其归纳成一门科学。自然哲学是一门关于事务的原理、性质和运作的学问，我认为它由两部分组成，一部分关于精神及其本质特性，另一部分关于物质。第一部分通常指形而上学，但我认为无论以何种名目来研究和探讨精神实质，都应该将它摆在物质与形体之前，而且不可将它视为一种可以建立成系统的、由原理堆砌而成的科学，而要看作一种心灵的扩充，是我们在理性和启示的引导下，对更加真实、圆满的知识世界的追求。

183. 姑且再回到自然哲学的学习的话题吧。虽然世上充满了各类关于自然哲学的体系，但是我无法说自己知道其中哪一个可以当作一种科学方法教给年轻人，使他能够发现真理并且毫不质疑，因为这就是所有的科学能够给予的期待。我并不会因此下结论说它们都不值得去学习；相反，在当今重视知识的时代，一个绅士有必要去了解其中的一些知识，以提升谈吐。不过，至于是否应该教他时下流行的笛卡尔①的一套体系，或是否应该让他同时简略地了解其他相关知识，我认为就世上已知的自然哲学系统而言，人们学习的目的是试图了解假说、理解术语和谈论其中的一些道理，而不是企图以此来掌握一整套全面、科学和至臻完美的自然运作理论。只有一点可以说，就是在大多数事情上，微粒说学派②比逍遥学派③更容易理解，后者的观点一直影响着正统的学校教育，后来才被前者取代。如果有人想要再往前追溯，了解

---

① 笛卡尔（Rene Descartes，1596—1650）：法国数学家、科学家、哲学家。——译者注

② 微粒说学派（Morden Corpuscularians）指17世纪坚持微粒说的科学家们，代表人物有牛顿、胡克、玻义耳等。原子论最早由古希腊哲学家德谟克利特提出，认为世间万物由微粒组成。而近代的原子论者在此观点的基础上，力图通过原子的运动和变化来说明所有已知的自然现象，奠定了现代科学的基础。——译者注

③ 逍遥学派（the Peripateticks），又称"亚里士多德学派"，批判了德谟克利特提出的微粒说，认为世间万物是有机整体，反对机械地解读世界的构成。——译者注

古人的各种意见，可以参看卡德渥斯①博士的《智慧体系》。这位博学的作者精准地收录并解释的古希腊哲人的观点、观点背后的原则以及各家独树一帜的主要假说，比我所知道的其他任何地方更加透彻。我们了解到的或者可能了解到的所有关于自然的知识不可能成为一门科学，但我不会因此而阻止任何人去研究自然。对于一个绅士而言，关于自然有太多容易知道而且必须掌握的事物，也有一大部分事物能够带来求知的喜悦和好处，足以弥补求知过程中的痛苦。不过我认为，这可以通过那些亲身投入理性实验和观察的作者去获得，而不是通过纯思辨方式的构想。因此，当一位绅士对时下流行的自然哲学学派有一定的了解之后，包括波义尔②先生的众多作品在内的此类书籍，以及其他关于耕作、种植、园艺等方面的书籍，都是适合他去阅读的。

184. 我就我所知的物理学派而言，很难鼓励我从那些声称能从一般意义上根据事物的首要原则给予我们一种自然哲学体系的论文中，去获取确切的知识和科学。尽管如此，博学多识的牛顿先生已经向世人展示了，根据事实所证实的原则，数学在自然界的应用能够使我们多大程度上理解一些原理，从而让我们管窥一些特别是关于广袤宇宙的特定知识（我姑且称它们为知识）。如果其他人能够如他在《自然哲学的数学原理》中阐述天体世界以及从中观察到的大量的自然现象那样清晰地讲述自然界的其他知识，那么对于这个庞大机器的若干部件，我们便可以期待获得一些超乎目前能够想象的更加真实和确定的知识了。尽管我们当中具备足够的数学知识去理解牛顿论证的人寥寥无几，可是最缜密的数学家已经考察了这些论证，并予以认可，可见他的书确实值得一读。并且对于想要了解我们生活的太阳系中的天体运动、性质

---

① 卡德渥斯（Ralph Cudworth, 1617—1688）：英国神学家、哲学家，著有《智慧体系》一书。——译者注

② 波义尔（Robert Boyle, 1627—1691）：英国物理学家、化学家，近代化学的奠基人，微粒说代表人物。著有《怀疑派化学家》。——译者注

和运转的人而言,一定会从中获得不少启示和满足,他们在阅读时,只需要仔细关注他的结论,因为这些结论已经被他充分证明、值得信赖。

希腊语

185. 简单来说,这是我关于一个年轻绅士的学业方面所要表达的一些看法。也许有人会感到奇怪为什么我在这里没有谈希腊语,因为我们在这样的国度,所有学问均可在希腊人处寻根溯源、找到根基。我承认如此,并且我还要补充一点,就是,不懂希腊语的人就不能算是一个学者。但是我在这里要谈的不是专业学者的教育问题,而是绅士教育。对于后者来说,随着时代的发展,拉丁语和法语的必要性为人所公认。当他成年时,如果想要继续学业,想要探讨希腊的学术,他是很容易设法自学掌握那门语言的。如果他没有那种内驱力,全靠老师带着学,也不过是浪费劳力,并且一旦获得自由之后,他曾花大量时间与付出而学来的东西就会被抛到九霄云外。试想,即便是以学者而论,一百个人当中能有几人能够记得他们在学校学的希腊语,更有几个人能对希腊作家的作品达到阅读自如、充分理解的水平呢?

关于一个年轻绅士的学习问题,我就谈到这里,他的老师应该记住,他的工作不仅要将这世上所有已知的事物尽量教给学生,更要教他热爱知识、尊重知识。当学生产生求知的欲望时,能够用恰当的方式去获取知识,从而提升自我。

一位睿智的作家在谈论语言学习时说到(我尽可能地还原他的观点和表达),他说:

> 儿童很少会因为学习过多的语言知识而被压垮。这些知识对于各种身份的人都有用,并且它们平等地为各种人开辟通道,不论是通向最深奥的

学术领域，还是通向学习中更加容易和有趣的部分。即便将这项令人头疼的学习稍微推迟，等孩子长大一些再学，那么年轻人不是没有足够决心全身心投入，就是没有定力坚持不懈。即使有人具备卓越的毅力，学习语言也并非易事，因为他该用来学习语言的时间可能已做了其他安排。此外，如果他超过了一定的年岁仍在学习语言的字词部分，而无法借助语言进行高阶表达，这无异于浪费生命中最美好的光阴。只有当一切事物都容易地在脑海中留下深刻的印象时，这种语言上的硕大根基才能够坚实地奠定起来。当一个人的记忆力旺盛、敏捷、强健的时候，当他的身心还没有被烦恼、野心和功利所占据，那些承担管教孩子任务的人有足够的权威使之长时间地、持续地用功。恰恰是对于这一点的忽视，造成了真正懂得语言学习的人很少，大部分的人都是装模作样、盲目跟从，我对此深信不疑。

我认为每个人都会赞同这位观察细致的绅士所说的——语言适宜在人们小的时候学习。不过，父母与教师要考虑，哪一门语言适合孩子学习。因为必须承认，让孩子按照人生的设定去学习一门他今后从来都不会使用的语言，或者从其秉性来判断，知道他长大离开了管束，根据自身喜好会完全把语言忘得一干二净，那么，让他学习语言无非就是浪费时间和精力，因为他不可能花时间去提升这些语言的。除了日常使用，或是有别的原因迫使他学的语言以外，他是不会再去理会别种语言的。

不过，对于那些想要成为学者的孩子而言，我会将这个作者的说法做如下补充，以使前述内容更加完善。这值得每一个想要真正做学术的人去思考，因此，做教师的人可以用这些话去反复教育学生，指导他们今后的学习。他说：

对于原著的钻研和学习再怎么推荐也不为过。这是一种最快捷、最可靠并且得到最广泛认同的学习方式。从源头获取信息，而不是依靠二手资料。千万不要把大师的作品束之高阁，而要深入研读、细细思考，一旦有机会就要加以引用。你要时时刻刻，从方方面面入手，把彻底理解这些作品作为你的工作，让自己完全熟悉原作者的创作原则，再把这些原则融会贯通，最终做出自己的推断。第一流的诠释者就是这么做的，你在达到这种境界之前不可懈怠。不要因为借来的光亮而沾沾自喜，也不要一味地听信别人的观点，除非坚持己见让你摔了跟头、陷入迷茫。（因为）他人的理解不等同于你的领悟，它们是会从你脑海中溜走的；相反，你自己的观察是思维活动的产物，在谈话、讨论甚至辩论的时候，这些观察和总结都在你的脑子里随时听命。千万不要因为遇到一点挫折就丧失了阅读乐趣，停住脚步；除非你遇到了不可逾越的鸿沟，要知道对于这样的困难，一流的评注家也会陷入僵局、无话可谈。那些在某些领域学识渊博的评注者们，喜欢在平淡、容易的段落夸夸其谈、卖弄才华，如此浪费时间和口舌，纯属多此一举。你若完全按照阅读评注而放弃原著的方式去做学问，无非是受懒惰驱使；懒惰鼓动书呆子胡吃海塞而不是储备原典，怂恿他们把优秀的作者埋在浩如烟海的评注之下。并且你会察觉，在这里，选择懒惰其实是与自己作对，因为人们原想极力绕过原著这座大山，反而要多读更多的注解，心生更多疑问，多受辛劳了。

💡 秩序与恒心

我下面要说的，虽然看似可能只与学者有关，对于他们合理安排教育和研究至关重要，但是我希望大家不会责怪我把这个话题插在此处，尤其是如果考虑到，这对于绅士们也同样受用，无论何时当他们想要深入学习下去，想要形成坚定的、有见地的并且令人满意的看法，这些话都会是有用的。

秩序和恒心据说是造成人与人之间产生重要差异的原因。我深信，没有什么比良好的方法更能够为学者扫清道路，帮助他前进，使他如此顺畅、深入地探索。他的老师应设法使他明白这个道理，让他习惯于遵守秩序，教他如何把想法付诸行动；告诉他为何要采用这种方式，好处是什么。使他熟知若干不同的方法，既要知道从一般到特殊的方法，也要知道从特殊到比较一般的方法；让他在二者上都得到练习，使他懂得根据具体的情况采取相应的合适的方法，从而更好地达到某种目的。

在历史研究中，时间秩序起主导作用；在哲学学习中，自然秩序则占主导。万事万物在所有的进程中，都是从当时所处的位置向周边结合处推进。人的思维也是一样，从已知的知识出发，探索邻近的相关知识，使之从最简单、最基本的部分入手去分析问题，从而达到目的。为此，要让学生习惯于甄别事物，也就是要他具有清晰的概念，无论身处何处，其大脑都能找出事物之间真正的区别，这对他来说会是至关重要的。但是要当心，在他尚未具备甄别能力也无法清晰区分相关概念之前，应该小心地避免望文生义。

艺术和体育

186. 除了从读书学习中获得知识以外，绅士还需具备其他技能，这些技能都要靠练习去获得，而且必须花费一定的时间，得有老师指导。

跳舞可以让一个人终身拥有优雅的体态和举止以及最重要的阳刚之气，此外还能让幼儿变得自信。我认为一旦孩子年龄合适，力量也达到了，就可以学习舞蹈，但不宜过早开始。一定要找到一位好老师，他知道什么是优雅的举止以及如何养成，知道怎样让身体的一切动作从容自如，并且能够教别人去做。凡是不会教的老师，还不如不请为好。天生的笨拙比矫揉造作好得多。我认为，脱帽屈膝的姿势与其去模仿一个并不优雅的舞蹈老师，倒不如表现得像个老实巴交的乡下人，反倒让人看得顺眼。至于舞蹈的细节和动作，我认为无关紧要甚至毫无关系，我所关注的只是优雅的举止。

187. 人们认为音乐和舞蹈有一定关联，擅长演奏某些乐器的人一定会得到人们的青睐。但是年轻人往往花了许多时间才学到一点技能，并且常常与一些怪模怪样的人为伍，很多人认为还是不与这些人结交为好。此外，我很少听到那些学术上或事业上有所成的人因为有音乐造诣而受到表扬或尊敬，因此我认为，在世上所有成就的排名中，音乐应放在后面。人生短暂，我们不可能学会所有的东西，我们的注意力也不可能总是专注在要学习的事情上。我们心理和生理上的缺陷，往往要求我们必须折中。凡是善于充分利用生命的人，都需要把一部分时间放在休闲娱乐。至少，不应该剥夺年轻人享受娱乐的权利，除非你迫切想要看到他们少年老成，忍受他们的老气横秋，过早地让他们享有第二个童年①。因此，我认为，他们的时间和努力应该花费在严肃的、有助于自我提升的事情上，聚焦在那些获益最大、成果显著的事务上，并采用可得的最容易、最简洁的方法学习。也许，如我在前面所说，教育最公开的秘密就是让身体和心灵交替训练，互为休闲调剂。我相信，一个能仔细考查学生脾气和志向的谨慎稳妥的老师，不难做到这一点。当孩子学习学累或者跳舞跳累时，他并不希望立刻倒头就睡，而是换换口味、转移注意力，做一些令他开心的事情。但需要牢记，如果一件事情做起来毫无乐趣，就不能算作娱乐。

188. 击剑与骑马被看作教养不可或缺的部分，因此忽略了这两者会被

---

① 第二个童年：指老年。在中国也有"老小孩"的说法。——译者注

认为是很大的疏忽。骑马是一项对于健康最为有利的运动，多半只有在大的城镇里才能学习，那儿的环境相对安逸和奢华。因此，一个绅士住在城里时，他是宜于骑马的。鉴于学会骑马能让一个绅士优雅地坐在马背上，使他能够让马听令于他——止步、急转、卧倒，这些技能对于一个绅士来说，不论是在和平时期还是在战争年代都是有用的。不过，骑马是否重要到足以被视为一项事业，是否值得花费除保持健康所需的时间以外更多的时间（为了保持健康，他在从事完此类体能消耗过多的运动后需要一定的间歇调整），我想这个问题可以留给父母和教师斟酌。他们最好能记得，在全部教育工作中，绝大部分时间和精力都应该放在与年轻人想要为之努力的生活相关性最大、最常用的事务上。

189. 至于击剑，在我看来，也是一项有益于健康的运动，不过对生命安全则构成危害。那些对剑术充满信心的人，往往在遇到纷争的时候，容易拔剑挑衅。这种想法使他们在名誉有关的场合，或者受到挑衅时，甚至无人招惹他们的时候，防卫过激。年轻人，血气方刚，他们认为若是不能在决斗中展示技巧和勇气，击剑就白学了，看似有理，但由此也产生了多少惨痛的悲剧，多少母亲的眼泪可以见证。不会击剑的人会比较小心地远离恶棍和赌徒。他们既不会在细节上较真，也不会当众侮辱他人，又或是强词夺理，这些通常都是引起争吵的原因。并且，到了决斗场，单靠那点平庸的技术，非但不能保护自身安全，反而会把自己暴露在敌人的剑锋之下；相反，如果一个人很勇敢，但一点剑术也不会，凭借着不回头的闯劲，拼尽全力刺杀，往往会胜过一个平庸的击剑家。因此，如果为了避免此类惨事的发生，同时又能让一位父亲为孩子今后面对决斗而做出一些忠告的话，换作是我，我训练他成为一个好的摔跤选手，而不是培养他成为一个平庸的击剑家。要知道很多绅士接受了训练也只能达到这个水平，除非他一天到晚泡在击剑学校，每天练习。但是，既然击剑和骑马被大多数人视为绅士教育必备的内容，想要那个阶层的人完全摆脱这种观念是相当困难的。因此，我会把这个问题留给孩子的父亲去考虑，根据他孩子的脾性和未来的目标来决定是否要跟随潮流去学习这项与普通市民生活不怎么相关的技能。并且即便是在最好斗的民族，也没人把击剑这项技能当成增强防御能力或勇气的工具，除非我们认为通过在决斗中亮剑，可以增进军事技能、鼓舞士气。不过，我认为，决斗将来在世上会消亡的。

190. 以上是我当前关于学习和成就的一些想法。一切工作最重要的落脚点在于培养美德和智慧。正如一句拉丁谚语所说：

> 有智慧，就有神力。

教他掌握自己的脾性，用理性控制自己的爱好。一旦做到这一点，通过不断实践养成习惯，最难的任务就完成了。要让一个年轻人做到这一点，我认为最好的办法就是用赞美和欣赏的眼光去感化他，所以应该用尽一切可能想到的办法，把这种爱惜名誉的心思注入他的心灵。你应当让他具备荣辱观念。要是做到了这一点，你就在他的心里树立了一个原则，当你不在他身边时，仍可影响他的行为，这种效果是棍棒教育无法比拟的，那才是一个适合的主干，日后可以在上面嫁接道德方面真正的原则的花枝。

三 技能教育及相关建议

191. 我还要多说一件事，不过一旦提及此事，就会面临被人质疑的风险，可能会有人说我前后矛盾，我先前所写的关于教育的言论都是围绕着如何培养绅士而来的，与技艺完全不沾边。然而我忍不住要说，我希望一个绅士也能够学习一门技艺，确切说是手艺；不，甚至是两到三种，而要特别注重其中一种。

192. 孩子们生性闲不住，应随时加以引导，让他们去做有意义的事情。这么做的好处有两个：一个好处是通过反复练习而获得技能，这件事本身就是值得的。这种技能不仅存在于语言和所学的各门科学，也存在于绘画、切削、园艺、淬火、打铁等各领域，而这些以及其他有用的技能都是值得掌握的。第二个好处是，毋庸置疑，练习本身对于儿童的健康也有必要或能带来益处。有些事务当中的技能要求孩子在小的时候必须掌握，要求他们花时间去提升，尽管对于增进健康并无好处。比如说阅读、写字，以及其他为了陶冶心性而要去开展的静坐学习，就是一个绅士从年幼起不得不耗费大部分时间去做的事儿。至于其他手工技艺，则是需要靠劳动来练习并掌握的。其中，许多劳动不但能通过练习来增进技巧，而且也有助于健康，特别是户外劳动。因此，在这些事情上，健康和练习可以同时兼顾，一举两得，并且，那些以读书、学习为主的人，应该从中选出一两样适合的技能作为娱乐。选择时，要考虑一个人的年龄和喜好，无论何时都不要勉强。因为，命令和强制往往引起反感，并且这种反感永远无法治愈。人被强迫做什么事，一旦有机会就会迅速逃离，就算暂时无法逃离，也是心不在焉，得不到多大益处，更无娱乐可言。

绘画

193. 在所有具备技能的人中，若不是有一两条不易驳回的反对意见的话，或许我最喜欢的是画家。第一种反对的声音是，丑陋的图画是世界上最糟糕的东西，但凡要具备过得去的绘画水平，又会过多地耗费一个人的时间。

如果他生性爱好绘画，为了给绘画学习让路，就不得不挤占他本可以用来花在更有价值的学习上的时间；若他对绘画丝毫不感兴趣，那么因此所花费的所有时间、精力和金钱又完全付诸东流。此外，还有一个反对绅士学习绘画的理由是，绘画是一种久坐的消遣，比起体力，更多消耗的是脑力。我认为一个绅士较为正经的脑力运用是学习，需要放松、振作时，就应该运用体力，以舒缓思绪，给健康和精力赋能。基于以上两个原因，我不赞成绘画。

园艺

194. 接下来，站在乡村绅士的角度着想，我可能会推荐园艺（或一般农艺），另一种是木工活，如木匠、细木工或切割工匠之类，最好两种都学。因为这些工作对于正忙于学习或事业的人来说，是一种既合适又健康的娱乐。鉴于大脑不适宜长时间专注同一件事情或同一种方式上，而且久坐或者长期用脑的人需要运动，需要转换注意力、放松身体。所以我认为，对于一个乡村绅士来说，园艺与木工这两项技能真是再合适不过了，而且这两项还可以很好地实现互补。气候温暖、天气适宜的时候，可以在花园里从事园艺；进行室外运动，气候恶劣、天气欠佳的时候，可以做木活，进行室内锻炼。除此之外，他学会了园艺以后，能够管理并指导他的园丁；学会了木工，则能设计并制造许多既有趣又实用的东西。尽管我不认为这些就是劳动的主要目的，而只是吸引他去参加劳动的诱饵。我真正的用意在于让他从严肃的思考和学习中解脱出来，以一种实用并有利于健康的体力锻炼获得消遣。

195. 古代的伟人们深谙如何用体力劳动来调节操劳国家大事的辛劳，并且他们并不认为从事体力劳动会有损其尊严。的确，他们闲暇时最为常用的消遣方式是务农。犹太人领袖基甸①是在打谷的时候被请出山的，罗马人中的辛辛那图斯（Cincinnatus）②是在犁地的时候被人喊去指挥军队、抵御外敌的。显然，他们使用马鞭和锄头的那份灵巧，那份庄稼人对于农具的熟练，并没有妨碍他们指挥军队，也没有妨碍他们施展军事才能和治国才能。他们既是伟大的军事家和统治者，又是地地道道的农夫。老加图（CatoMajor）③在罗马共和国政府担任过所有高官，声名显赫，亲自证明了他对于乡村的事务是何等精通；并且，我记得，居鲁士(Cyrus)④在位时也认为园艺丝毫不会有损皇室的尊严和高贵，所以他曾将自己亲手种植的一片果园只给色诺芬（Xenophon）⑤看。如果有必要列举那些有益的消遣，从古代史料中，不论是犹太教还是其他宗教，这样的例子不胜枚举。

消遣

196. 当我把上述这些或者其他类似的手艺练习称作消遣或娱乐，请别以为我在说胡话。因为，消遣并不等于懒散（人们都可以觉察到），而是通过换一件事情做做，让身体紧张的部分得以放松。凡是认为消遣就是轻轻松松

---

① 基甸（Gideon）：圣经人物，受上帝启示带领以色列人反抗米甸人的压迫。——译者注

② 辛辛纳图斯（Lucius Quinctius Cincinnatus）：相传为罗马共和国早期将军，带领罗马军战胜了埃奎人侵略者。——译者注

③ 加图（Marcus Porcius Cato，公元前234—公元前149年）：罗马政治家、军事家。通常被称为老加图（与其孙小加图以示区分）。——译者注

④ 居鲁士（Cyrus，约公元前600年或公元前576—公元前530年）：居鲁士大帝（Cyrusthe Great），古代波斯帝国的缔造者，公元前550—公元前529年在位。——译者注

⑤ 色诺芬（Xenophon）：古希腊雅典城邦的军人、历史学家、随笔作家。

享福的人，他一准忘记了那些为了打猎早起跋涉、忍受酷暑、忍饥挨饿的人们。尽管如此，打猎常常被人们看作是最伟大的人物所常用的娱乐。挖掘、种植、嫁接以及其他类似的有益的工作，只要人们喜欢，只要形成一定的习惯，掌握了技能，都可以跟时下流行的无聊的运动一样成为消遣，让人们钟情于它。有些人受了邀请无法推托，时时去打牌，或者以别的方式玩乐，我相信那种娱乐跟生活中任何最正经的事情相比，更容易让人产生厌倦，尽管人们天生并不憎恶那种游戏，有时也想玩玩作为消遣。

197. 游戏是有身份地位的人，特别是贵妇会花费较多时间做的事情。我认为道理显而易见，人们不能够整日无所事事，总得找点事情做，否则他们怎能接连坐几个小时，不辞辛苦，去从事那些通常做起来烦恼多过快乐的事情呢？有一点是肯定的，赌博是不会带来任何快乐的，赌博的人事后回想往往会有这种感触，而且也不会使身心获益。至于他们的财产，要是他们要靠这个发家致富，赌博就成为一种交易而不是消遣了。极少有人能因此发家，就算是赢得盆满钵满，自己却名誉扫地，充其量不过是做了一桩低贱的买卖。

凡是不务正业，没有为了事业而拼尽全力、感到疲惫的人，都没有资格去娱乐。在安排娱乐活动时需要掌握的技巧是，要让身体紧张疲惫的部分得到松弛，并重新振作，同时还应做一些不仅当前感到快乐和放松，更能带来长期效益的事情。只是由于妄自尊大、贪慕虚荣的心理作祟，才会让那些毫无益处、危险的，所谓的消遣成为时尚，并且让人们误以为学习或是参与其他有意义的事情不适合作为一个绅士的消遣。这就是世上流行打牌、掷骰子、酗酒的原因。许多人将闲暇的时间花在这些事情上，只是随大流，以及缺乏其他较好的消遣方式，而不是觉得里面有什么真正的快乐。他们无法消受大把的闲暇，也不能安心享受无事可做的状态，因为没有学过任何值得称赞的手艺作为消遣，只能诉诸这些愚蠢的或不良的方式去打发时间。一个理智的人，在他尚未被恶习毁掉之前，几乎很难从这些无聊的消磨中发现什么乐趣。

198. 我这么说并不意味着反对年轻绅士参与朋辈间流行的无害的消遣活动。我绝不想看到他们木讷呆滞、郁郁寡欢；相反，我会说服他对友伴所参与的各种狂欢、娱乐显得格外包容一些。凡是他们希望他做的事情，只要不违背绅士的身份、不撒谎欺瞒，他都不要反对或者动怒。尽管谈到打牌与掷骰子，我认为最安全也最周全的方式是一点儿也不让他们去学，让他们面对这些危险的诱惑时完全没有参与能力、无法以此虚掷光阴。但是应该允许他们把闲暇时说说笑笑以及类似其他的一些流行的活动作为消遣。我认为，年轻人在正经的主责主业之余，还是会有足够的时间去学习任何一项手艺的。人们之所以不能熟练掌握一门以上的技艺，是因为缺乏行动，而不是缺少空闲时间。每天花一个小时在这种消遣上，坚持下去，短时间内就会获得重大的进步，远超出他的想象。抛开这层不说，单凭它把邪恶、无用、危险的消遣挤占出去，就足够值得鼓励了。如果人们在年轻时就能革除那些闲散的习气，不盲从习俗而蹉跎生命，也不因没有找到适合的事业或者消遣就无所事事，那么他们就有充裕的时间在成百上千种事情上获得知识和技能，尽管那些技艺与他们主责主业相去甚远，但是绝不会妨碍他们的职业发展。因此，基于此以及此前所述的理由，我认为怠惰、懒散度日的脾性是最不可放任不管的，也是最不可出现在年轻人身上的。这是一种病症，健康出了问题，任何年龄、任何身份的人，都不可坐视不理。

199. 除了前述的各种技能以外，还可以加上调香、油漆、雕刻以及铁、铜、银等金属制作；如果他像多数年轻绅士一样，相当一部分的时间是住在城里，他还可以学习给珠宝雕琢、抛光或是镶嵌，或者打磨光学玻璃。在这众多精巧的手工艺当中，他一定会找到一样自己喜欢的，除非他懒惰或者自暴自弃，这在正确的引导下是不会发生的。既然他不能一天到晚学习、看书、聊天，所以除了运动所需的时间以外，他一定还有许多闲暇，如果不这样度过，他便会用较坏的方式去消磨。所以，我的结论是，一个年轻人大多是坐不住、闲不住的，要是他真能完全坐着不动、一事不做，那可能是有什么问题需要予以纠正了。

200. 但是如果他父母理解有偏差，认为工匠和手艺是低贱的而威胁孩子不要参加，并且对于孩子参加此类活动表现出反感，那么还有一项技能，当他们仔细考虑之后，就会认为他们的儿子是绝对必须学习的。

💡 记账

账目管理，虽然不是一门能够发家致富的科学，但就保持其既有财富而言，可能没有比之更有用、更有效的了。保持记录收支账目习惯的人，随时能了解家庭的运营状况，很少能看到他们家境凋零。我相信，许多人是因为没有管账的意识，或是缺乏这种技能，往往负了债还不清楚情况，又或是旧债没还又添新债。因此，我建议所有的绅士都应该去学学管账，千万不要从名称上判断是商业领域、做生意的人需要使用的，便认为与己无关、无须掌握。

201. 一旦我的小少爷掌握了记账的技能（这不单是算术，更是一项理性的工作），或许他的父亲就会不失时机地让他实践，记下所有与自己有关的事项。换作是我，不会让他记下一品脱酒，或者每一次玩耍花了多少钱，只记一些大类的名目就行了。我也不建议他的父亲对这些账目审查过细、揪住每一笔开销的瑕疵批评孩子；他须记得自己也曾经年轻过，不要忘记自己当时的感受，因而不要忘记自己的孩子也需要得到相同的权利，要有支配开支的自由。如果我说年轻人有记账的义务，绝不是让他核对每一笔开销（尽管父亲给了他花钱的自由，他应当让父亲知道这些钱的去处），而是在他年幼的时候把他领入一种传统，可以尽早熟悉账务管理，从而养成习惯，他将在一生中不断使用这项不可或缺的技能，并获益终身。一个威尼斯贵族，儿子沉迷于父亲丰富的财产。父亲发现儿子穷奢极欲，挥霍无度，便吩咐账房要他儿子再来取钱时必须报预算，给他的钱不许高于他所报项目的花费。有人也许会认为，这么对于一个年轻绅士的花费并未构成重大的约束，因为他想要多少钱只要说得出用途就行。但是对于只知道寻欢作乐的纨绔子弟而言，这就是一个大麻烦，他最终会落入一番严肃而有益的反思：如果我仅仅是算一算我要花的钱就这么麻烦，我的祖先不但要计算这些，而且要设法去赚钱，得付出多少辛劳？他能有这番理性的思考（先前的小痛苦带来的顿悟），对于他的思想产生了有效的作用，催他努力进取，从此，他会一步步成为一个勤俭持家的人。至少，每个人都应该承认，要使一个人花费有度，最好是记下日常的账目，随时了解自己的财务状况。

旅行

202. 教育的最后一步往往是旅行，是毕业之旅，标志着绅士教育任务的达成。我承认，去国外旅行有很大的好处，但是我认为在孩子小的时候把他送去国外并不是很好的时机，因为他们那时还不具备收获这些好处的能力。我这么说，对于他们中的大多数而言，旅行的好处主要有两点：首先是语言，其次是提升察言观色的能力和智慧。这需要通过多见人，通过与不同脾性、文化传统和生活方式的人，特别是同一个教区和社区的人交谈。但是，一般安排青年出国旅行是在16~21岁之间，这也是人的一生中，最难以获得这方面自我提升的阶段。学习语言，养成良好口语和地道发音的第一个黄金时期，我认为，应该是7~14岁或16岁，这个阶段，请教师指导他们是非常有用且必要的，这位教师可以用语言教授其他的知识。不过，在他们尚未成熟但已经想要摆脱他人掌控的年纪，把他们送到离父母千里之外的监管人手里，这时他们还不具备足够的人生经验和审慎的态度进行自我管理，这不是明知山有虎，却把孩子往山上送吗？所以，我们能够期待的最好的情形是在孩子的叛逆期到来之前，建立教师的威慑力。在十五六岁之前，他们尚未到达固执的年龄，也不太容易受负面案例的诱导，这时他们是比较听从老师指挥的。但从那之后，他便开始通过与成人的交往获得慰藉，并以为自己也是成年人了。从那以后，他也开始喜欢男人身上的恶习、以此为荣，并认为被别人管束、指导是一件很丢脸的事情，那时监管者既缺乏威慑力，而学生又不易顺从；相反，他受冲动与流行风尚的驱使，听从那些与自己一样机灵的同伴的引诱，而非老师的告诫，他把老师视为剥夺其自由的仇敌，在这种情况下，就算他的监管者是个极其小心谨慎的人又有什么办法呢？人在什么时候会像他在如此青涩不羁的年纪那样容易误入歧途呢？这个阶段是最需要父母的权威和朋友的眼睛去管理和监督的。此前的阶段更具可塑性，他的头脑尚未变得固执，比较容易管束，也较为安全。过了那个年龄段，理性和远见开始发展，人开始有关注自身安全与自我提升的意识了。因此，我认为一个年轻绅士出国旅行的最佳时机，要么是在年纪轻、易受管束的时候，要么是在年龄稍长、能够自我管理的时候。当他到达一定的年纪可以自我管理时，在国外看到值得注意的事物，就会留心观察，回国后就能学以致用。此外，由于他此时已经完全熟悉了本国的法律、风气与本国自然法则与道德法则的优缺点，他就有了材料与国外的人去交流，从与他们的交谈中获得他所希望获得的知识。

203. 待完善[①]……

---

① 作者原文如此。

204. 我认为，未遵照上述规律安排年轻人出国旅行，是导致许多年轻人回国后极少进步的原因。如果他们回国带回了一些所见所闻，也常常只是对在国外所见最糟糕、最无用的事物的赞美而已；他们所记住的只是刚刚张开羽翼自由寻觅时所乐见的事物，而不是回国后可以让自己变得更好、更智慧的东西。如果他们的的确确在需要照顾的年纪出国了会怎样呢？可想，他们会在别人的监护之下，由监护人提供生活所需、替他们去观察。在监护人的庇护之下，永远不需要考虑靠自己的双脚站起来，或是为自己的行为负责，极少费心去探究事物或是做有益的观察。他们一心想着游戏与快乐，认为这是反抗管束的一种方式，却很少去思考他们遇到的那些人目的何在，也不会费心对他们察言观色，或是揣摩每一个人的处事技巧、脾气与爱好，从而知道自己该如何与他们相处。这种情况下，陪伴他们旅行的人应该给他们庇护，在他们陷入麻烦的时候要帮他们摆脱困境，对于他们的一切不良行为负责。

205. 我承认，识人是一种重要的技巧，不能指望年轻人一下子就能完美掌握。但是如果旅行不能开阔他的眼界，不能教他小心谨慎，无法让他养成透过表象看本质的底蕴，不能让他在亲切和蔼的举止下与形形色色的人自在交谈、留下好印象，那么这种出国旅行几乎徒劳无益了。一个人到了一定的年龄、具备了成熟的思想、致力于自我提升，这时被送到国外旅行，无论到了哪里，都可以与当地有身份地位的人交往。这虽然是绅士旅行的最大好处之一，而我要问，像这些在国外旅行受老师管教的孩子，他们一百个人里面又有几个拜访过任何上流人士呢？能够与这些人士结交，从谈话中了解到该国文明教养，并从观察中学习的，更是少之又少。要知道，与这类人士交谈一天所学到的，比他出入各类酒馆、闲荡一年学习的还要多。毋庸置疑，这些德高望重的人物不会轻易与乳臭未干的小伙子套近乎的。然而一个具有成熟举止，对当地的传统、礼仪、法律以及政府治理表现出兴趣的年轻绅士和外来者，将会发现自己到了哪里都能与当地最优秀、最博学的人结交并获得热情的指导，这些人对于机敏好学的外国人总是愿意接待，并能给予鼓励和支持。

206. 这些道理不论有多真实，我恐怕都难以改变传统。传统观念让孩子在人生中最不适宜的时期去旅行，并不着眼于他们的长进。绝对不能冒险把 8 岁或 10 岁的孩子送出去，以免年幼稚嫩的孩子遭遇不测，尽管他们那时面临的风险要比十六七岁的时候少十倍。他也不能一直待在国内直到度过危险、叛逆的年纪再出去，因为他 21 岁时必须回国，面临婚育的选择。彼时，父亲迫不及待地要分家，母亲迫切希望儿孙绕膝、享受天伦之乐。所以，我的小少爷，不论如何，到了一定的年龄就得成家。虽然出于体能、健康以及生育能力考虑，推迟一点也并无坏处，比如，在年岁和学识方面都能够与孩子拉开差距，因为孩子们常常发现自己与父亲距离过近，这令父子双方都感到不自在。但是对于步入婚姻的年轻绅士而言，他就要肩负起养家的责任了。

207. 以上是我对教育所持的明确的看法，现在来总结一下吧。我不愿让人们认为这是一部无可挑剔、包罗万象的教育论著。教育上需要考虑的问题还有许许多多，孩子的性格、脾性、优缺点各不相同，尤其需要因材施教。其中，差异之大，需要单独再著一本书才能讲完，可能都还不够。每个人的思想上都有一些特色，和他们的面孔一样，是他们独特的身份标识，没有哪一种方法能够完全适用于指导两个不同的孩子。此外，我认为，王子、贵族和普通的绅士子弟，教养的方式应该有区别。但是，我在这里谈的是关于教育的主要目的和普遍目标的一般看法，原是特别为一位绅士的孩子[①]量身定制，他那时还很年幼。我把他看作一张白纸或一块蜡，可以随心所欲地描绘或塑型。我所谈及的差不多都是培养年轻绅士所必需的话题。我现在把这些

[①] "绅士的孩子"在此处特指莎夫茨伯里伯爵三世，洛克曾受邀成为他的家教老师。

偶然的想法公诸于世，是希望让更多的人知道，尽管这远非一部完善的教育论著，也不见得能让所有人获得恰好适合教育自己孩子的方法，然而，它或许能够给一些关注子女教育的人以启发，让他们格外有底气，在教育问题上遵循理智，而不是一味的听信古老的习俗。